SPANISH POSTERS & ART
FROM
CLASSIC MONSTER FILMS
Pósters y programas españoles de films clásicos de terror

Creature from the Black Lagoon (USA 1954, Jack Arnold) Spanish poster.

Spanish Posters & Art from The Classic Monster Films

Pósters y programas españoles de films clásicos de terror

By
Carlos Benitez Serrano

English translation by Lizeth Morales and Jose Delgado

Edited
by
Philip J. Riley

BearManor Media
P.O. Box 1129
Duncan, OK 73534-1129

Phone: 580-252-3547
Fax: 814-690-1559
www.bearmanormedia.com

©2013 Carlos Benitez Serrano

Edited by Philip J. Riley

Boris Karloff name and likeness are trademarks of Karloff Enterprises
Bela Lugosi name and likeness are trademarks of Lugosi Enterprises
Lon Chaney, Lon Chaney Jr. names and likenesses are trademarks of Chaney Enterprises
Abbott and Costello names and likeness are trade marks of Abbott and Costello Enterprises

SOBRE EL AUTOR

Aficionado desde siempre al coleccionismo y a los atractivos carteles de cine, el autor descubre el programa de mano y cae fascinado ante él, ya que se trata de un artículo económico y tremendamente atractivo que colecciona incansablemente durante treinta años. Ahora se ha convertido en objeto de lujo que, en muchos casos, alcanza precios desorbitados. En este libro se reúne una amplia muestra centrada en el cine fantástico y de terror.

Carlos Benitez Serrano es aficionado al cine, sobre todo el de terror, lo que le ha llevado a realizar el blog Proyecto Naschy, centrado en este género. Además ha colaborado en libros dedicados al cine fantástico, como Juan Piquer Simón, mago de la serie B (Fantcast) o en una antología sobre el dibujante de carteles de cine Mo Caró (Babylon Books). Actualmente se encuentra trabajando, entre otras cosas, en un libro sobre las dos películas del director Narciso Ibáñez Serrador.

Obras consultadas:
- Els malsons dels nostres avis. Sebastià Roig, 2006 Editorial Dux.
- El futur dels nostres avis. Sebastià Roig, 2012 Diputació de Girona.
- Guía para ver y analizar La parada de los monstruos. Lucía Solaz Frasquet, 2004 Nau/Octaedro

El autor desea agradecer las amables contribuciones a este libro realizadas por las siguientes personas y editoriales:
A Paco Baena por ceder imágenes pertenecientes a los libros El Cartel de Cine en España (1996) y Soligó, Más allá del Tech¬nicolor (2001).
A Editorial El Gran Caid, que ha permitido reproducir imágenes pertenecientes al libro Carteles para una noche sin cine (2006).
Al artista Mo Caró por ceder el fantástico cartel de La Momia. Más muestras de su arte en http://mocaro.wix.com/mocaro
Y por supuesto a Philip J. Riley, que además de apoyar el proyecto desde el primer momento, aportó algunas raras imágenes de carteles sudamericanos.

Esta obra se la dedico a mi padre Luis Benitez por descubrirme a Lon Chaney, Boris Karloff y Bela Lugosi.

ABOUT THE AUTHOR

Having always been a fan, always attractive to collectors and their movie posters, the author discovered and became fascinated by playbills, because it is an economical and extremely attractive item that he has collected, tirelessly, for thirty years. Now they have become a luxury item that, in many cases, reached exorbitant prices. This book brings together a broad cross-centered of fantasy and horror films.

Carlos Benitez Serrano movie buff, especially horror, which has led to the project blog Naschy, focusing on this genre. He has also collaborated on books devoted to fantasy films, like John Piquer Simon's magician Series B (Fantcast) or in an anthology on film poster artist Mo Caro (Babylon Books). He is currently working, among other things, on a book about the two films for director Narciso Ibáñez Serrador.

Works consulted:
- Els Malsons nostres dels avis. Sebastia Roig, 2006 Editorial Dux.
- The futur nostres dels avis. Sebastia Roig, 2012 Girona Provincial Council.
- Guide to view and analyze the Freaks. Solace Lucia Frasquet, 2004 Nau / Octahedron

The author wishes to acknowledge the contributions to this book kindly made by the following individuals and publishers:
To Paco Baena who contributed images belonging to the books "The Movie Poster in Spain" (1996) and "Soligo, Beyond Technicolor (2001)."
To Editorial El Gran Caid, which allowed reproducing images belonging to "Book Posters for a night without film" (2006).
The artist Mo Caro for giving the fantastic poster for The Mummy. More samples of his art in http://mocaro.wix.com/mocaro
And of course, Philip J. Riley, who also supports the project from the start, brought some rare images of South American cartels.

This work is dedicated to my father Luis Benitez for introducing me to Lon Chaney, Boris Karloff and Bela Lugosi.

SUEÑOS DE PAPEL

El público español siempre ha sido amante del cine. Los grandes filmes se estrenaban más o menos puntualmente y pronto se construyeron, al igual que en todo el mundo, palacios de cinema en los que las productoras estrenaban sus últimos títulos. Lujosas salas que convivían con los más modestos cines de reestreno, a los que invariablemente llegaban las películas con más retraso y en forma de programa doble.

Buscando la forma de dar a conocer los últimos estrenos, a imagen y semejanza de otros espectáculos, las películas se promocionaron convenientemente en prensa, además de desde las propias salas mediante carteleras y pósters.

Existe una gran dificultad para poder encontrar estos primeros carteles, sobre todo los anteriores a los años cuarenta, y cuando sale alguno a la venta es a un precio prohibitivo, ya que en muchos casos estos carteles se echaban a perder al ser pegados en las fachadas de los cines o al pasar de una sala a otra, a lo que hay que sumar el efecto destructivo de la guerra civil que hubo en España de 1936 a 1939, por lo que muchos de ellos son auténticos desconocidos, dándose el caso de que, por ejemplo, no se conozca ningún cartel español perteneciente a películas del actor Lon Chaney.

En su mayoría el cartel tenía unas medidas estándar de 70x100 cm., aunque hay casos de carteles más grandes con tres o más hojas.

Las fotos de vestíbulo también son objetos muy raros de encontrar, sobre todo las pertenecientes a películas anteriores a los años cuarenta. Las mostradas en este libro pertenecen a producciones Metro-Goldwyn-Mayer, que la distribuidora servía a los cines en un sobre conteniendo 21 imágenes del mismo film. Progresivamente fueron bajando en cantidad.

También hay constancia de que en algunos cines se utilizaron Lobby Cards y carteles americanos.

Existió asimismo algo similar a las americanas Window Cards, que se ponían en las taquillas, aunque también son raros ejemplares de las que únicamente he podido localizar dos pertenecientes a la temática de este libro.

Pero el coleccionista cinematográfico español tiene un consuelo con el programa de mano. Un pequeño gran superviviente.

Quizás para dar un objeto que, además de dar información, sirviera de recuerdo coleccionable de la película visionada, se creó el programa de mano, un manejable artículo de propaganda que se repartía en los vestíbulos de las salas.

Ya desde el nacimiento del cine hay constancia en España de la existencia de estos programas o folletos, que se imprimían en varios formatos y soportes, siendo el más habitual el papel y el cartón. Muchos de ellos reproducían el cartel original, mientras otros ofrecían fotomontajes, escenas del film e incluso retratos de los protagonistas de la cinta. Muchos de ellos añadían un texto detallado en el dorso o en el interior, tanto que durante la etapa muda no era extraño que este texto desvelara el argumento completo, incluido el desenlace del film.

Es realmente interesante hacer notar que los programas existen desde el mismo nacimiento del cine, por lo que prácticamente los hay de todos los títulos estrenados en España –salvo pequeñas pero dolorosas excepciones-, hasta su casi total desaparición a principios de los setenta. A partir de ahí reinó el programa feísta editado por las propias salas (en especial filmotecas) en el que primaba la información al espectador en detrimento de la estética.

De los años setenta en adelante, ocasionalmente alguna distribuidora resucitó el programa tipo postal, aunque también se realizaron adhesivos, servilletas, gafas 3-D e incluso se conoce el caso del alguno con condón incluido, como el realizado para promocionar Una cana al aire (Skin Deep, 1989 Blake Edwards). Aunque repito, todo ello de una forma mucho más limitada y en contadas salas.

Había dos clases de programa de mano que pasaremos a analizar a continuación: los editados por la distribuidora de la película y los realizados por la propia sala, denominado programa local.

Programa de cine de distribuidora

Se trata del "auténtico" programa de cine de colección. Era el que creaba la distribuidora de la cinta y se editó en diversos formatos y tamaños. Los principales son:

Programa sencillo: Tipo postal e impreso en su mayoría por un único lado, dejando el reverso para que el cine imprimiera horarios, precios y complementos. En muchos casos la sala prefería dejarlos en blanco, entre otros motivos posiblemente por economizar, ya que esta impresión corría a cargo de la sala exhibidora. Durante los años veinte y sobre todo en los treinta predominó el editado en cartón para, avanzado el tiempo, pasar a ser impreso en papel, siendo este el formato más abundante hasta su desaparición a inicios de los años setenta.

Programa doble: Hoja plegada que permite ser abierta o desplegada en una (díptico) o varias hojas (tríptico...). El más habitual es el díptico, que es asimismo más lujoso y elaborado que el sencillo, así como, en la mayoría de casos, más difícil de conseguir.

Programa troquelado: Realizado con diversas formas, especialmente durante los años veinte, este formato es la joya para el coleccionista de programas. Podemos encontrar troquelados puros (dagas, hachas, rifles, pistolas, gafas, insignias e incluso la enorme figura del inmortal King-Kong) o sencillos y dobles parcialmente troquelados.

Era fácil que existieran diferentes modelos y formatos de un mismo título, algo habitual con los programas realizados por distribuidoras como Metro-Goldwyn-Mayer, Paramount y en menor medida Universal, más partidaria de realizar un modelo único, ya fuera doble o sencillo.

También de las reposiciones de viejos títulos realizadas durante los años sesenta se elaboraron programas, dándose el caso de que a pesar de ser bastante menos atractivos que los de la época, alguno de ellos son más buscados que los antiguos por su rareza.

Todos estos formatos tienen en común un espacio en blanco, sobre todo en el dorso, que se reservaba para que la propia sala pudiera imprimir, si así lo deseaba, datos como precios, horarios, complementos o avances de próximos estrenos.

Cabe añadir que a veces sucedió que estando la campaña publicitaria de un film preparada, incluidos los programas, finalmente este no obtuviera permiso de censura para proyectarse.

O que terminara exhibido por otra distribuidora. No hace falta decir que estos ejemplares supervivientes y no repartidos en los cines son de una rareza extrema.

Programa local

Editado por la propia sala con carácter más personalizado y limitado, se imprimieron en su mayoría en una sola tinta y predominaba en ellos el texto, acompañado a veces por los propios clichés que se utilizaban en prensa. Su formato podía ser tanto sencillo como doble y aunque como objeto de coleccionismo carecen casi de interés, como en todo hay excepciones, y existen piezas maravillosas como el díptico a todo color y en tres dimensiones que editó el barcelonés cine Fémina con ocasión del estreno de El crimen perfecto (Dial M for Murder, 1954 Alfred Hitchcock). Un programa que, aunque local, supera con creces al creado por la distribuidora para promocionar ese mismo título.

Otros programas locales interesantes son los pertenecientes a títulos exhibidos en salas pero para los que la distribuidora no creó programa. Un ejemplo lo tenemos en este mismo libro con el díptico Charlie Chan en la Opera.

Spanish Posters and Art from Classic Monster Films reúne en sus páginas muchos de estos programas de mano, actualmente algunos de ellos cotizadas piezas de colección, así como carteles, carteleras de vestíbulo y window cards. También hay algunas muestras de programas y carteles sudamericanos que hemos estimado que enriquecen la selección. Todo ello para dar un paseo imaginario por aquellos cines y respirar la historia del mejor cine de terror y de sus inmortales estrellas, que ya desde el principio gozaron de gran aceptación entre el público español, al que ofrecieron imborrables recuerdos.

PAPER DREAMS

The Spanish people have always been cinema lovers. The greatest films were premiered in a punctual fashion and soon there were cinema palaces being built where distributors premiered their latest titles. Luxurious places cohabited with the more modest revival theaters, which had always taken longer for movies to arrive, in the form of a double program.

Searching for ways to publicize these developments, image and likeness from other shows, films were promoted conveniently in the press, as well as in the theaters themselves, by using lobby cards and posters.

There is a great difficulty in finding these Spanish lobby cards and posters, especially prior to the 1940s, as they were inevitably moved from one theater to another during the cinema run. Then we must also take into account the destructive events of the civil war that occurred in Spain from 1936 to 1939. Therefore, when a Spanish movie poster does become available, it comes with a heightened price, due to the rarity of the item. It is also hard to determine which works are authentic, given the history of the items and the rarity is such that there is no known survivor for any of Lon Chaney's films.

Mostly the artwork had a standard measurement of 70 x100 cm although there are cases of three sheets or more being used at any one time. The lobby cards are also very rare objects to find before the 1940s and there is evidence that in some cinemas, they used American cards and posters instead of Spanish. The lobby cards shown in this book belong to Metro-Goldwyn-Mayer productions, which at one time the distributor would serve to theaters in an envelope containing twenty-one images of the same film, though they gradually declined in number.

There was also something similar to the American window cards used in advertising, which would have stood at the theater box office. They too are rare examples of which I could locate only two for the content of this book. But the Spanish film collector can take comfort in the playbill; a great little survivor. These objects serve as a reminder; a souvenir collectible to imagine the movie, and also a handy object of propaganda which was distributed in the lobbies of the theaters.

These programs have existed since the birth of cinema and were printed in various formats; the most common being paper and cardboard. Many of them reproduced the original poster, while others offered photomontages, film scenes and even portraits of the characters in the film. Many of them added a detailed text on the back or inside, while during the silent movie era it was not rare to see this text revealing the full story, including the outcome of the film.

It is interesting to note that while there were programs since the birth of cinema, by the early 1970s they had all but disappeared, when cinemas began to produce the advertising themselves. However, from that point on, occasionally a movie distributor would resurrect the souvenirs or even introduce items such as stickers, napkins, and 3-D glasses, though this was in a very limited form and in very few cinemas.

There were two types of program:

Programs from the distributor

This is the 'authentic' cinema collection program, which was created by the distributor of the movie and edited in different formats and sizes. The main ones are:

Simple program: Printed mostly by a single hang, leaving the other side for the theater to print schedules and prices. (Note: all programs, regardless of format, seem to have this space for the theater to post information.) During the twenties and thirties they mainly came on paperboard, though this eventually advanced to paper, which was the most common form until its demise in the early seventies.

Double bill: A sheet which is folded or unfolded and can be opened in one sheet (diptych) or multiple sheets (triptych.) The most common is the diptych, which is more luxurious and elaborate than the simple program, and in most cases is more difficult to obtain.

Punching Program: Made in various forms, especially during the twenties; this format is the jewel for the program collector. We can find pure punched (daggers, axes, rifles, pistols, glasses, badges and even a huge figure of King Kong) or partially punched singles and doubles. It was easy to create different models and formats for every title; a common gift made by movie distributors such as Metro-Goldwyn-Mayer and Paramount. Over the years there have also been programs developed for re-runs of old movies, which although less attractive than some of the originals, can be more sought after because of their rarity.

What is interesting to note, is that while merchandise would be prepared for a forthcoming film, sometimes the film would ultimately be denied a license from the censor or would be exhibited by a different distributor entirely. It goes without saying that these surviving programs, not distributed in theatres, are an extreme rarity.

Programs made by the theater

More limited and edited by the venue itself; for the most part these items were printed in one ink and dominated by text which was sometimes accompanied by the theater's own comments, used in the press.

The format could be both simple and double, and even as an object of collecting they offer almost no interest. However, as in everything there are exceptions, and there are wonderful pieces such as the full color, three dimensional leaflet made for the Barcelona premiere of the 1954 film, 'El Crimen Perfecto (Dial M for Murder.) For the most part though, local advertising pieces do not attract the same attention as those 'official' programs created by the distributor of the film.

Spanish Posters and Art from Classic Monster Films, brings in its pages many of these programs; some current collectibles as well as posters and window cards. There are also some examples of South American programs and posters that enrich the selection.

So join us for a ride to those historical cinemas and breathe in the history of the best horror films and their immortal stars, which from the beginning have been widely supported by the Spanish public and offer unforgettable memories.

The Cabinet of Dr. Caligari

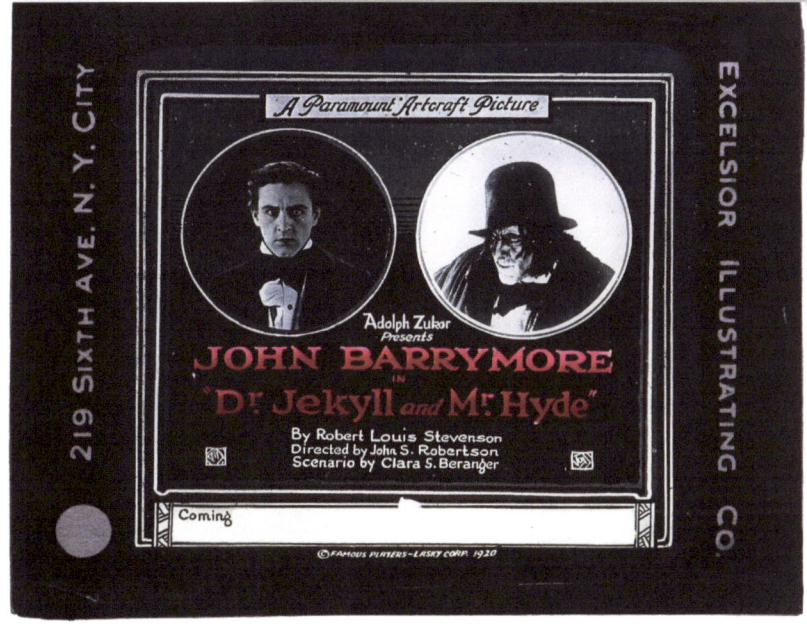

Dr. Jekyll and Mr. Hyde, 1921

(Glass slide is of the American version)

Brandon Hurst en el rol de Jean. — Norman Kerry en el rol de Capitán Phoebus. — Patsy Ruth Miller en el rol de Esmeralda. — Lon Chaney en el rol de Quasimodo. — Ernest Torrance en el rol de Clopin. — Nigel de Brullier en el rol de Dom Claude.

Una bella escena de amor maternal. La madre del Capitán Phoebus le dice: "No estés triste, talvez no es verdad."

Lon Chaney, protagonista de esta estupenda obra, desempeñando el rol de Quasimodo, ha sido elegido "El Rey de los Tontos" y aquí le tenemos gritando su odio contra la aristocrácia.

El embajador Italiano (Cesare Gravina) cuenta sus antiguas conquistas a una bella compañera durante el baile en el palacio.

Por haber atentado contra la vida de su amante, Esmeralda es sentenciada. Nótese los detalles arquitectónicos de esta espaciosa sala.

Esmeralda se encuentra por primera vez frente al "Rey de los Tontos."

Parece que los vigilantes de aquellos tiempos no eran muy suaves en su manera de tratar a la gente. Pobre "Rey de los Tontos."

Perly Poore Sheehan, que actuó como colaborador de Wallace Worsley en la adaptación de esta obra a la pantalla.

Una versión sobre el conocido tema "entre el amor y el deber," Clopin, su protegida Esmeralda y el amante de ésta Capitán Phoebus.

Tully Marshall en el rol de Luis XI. — Winifred Bryson en el rol de Flor de Lys. — Raymond Hatton en el rol de Gringoire s. poeta. — Eulalie Jensen en el rol de Mario. — Harry Van Meter en el rol de Mons. Neufchatel. — Gladys Breckwell en el rol de Hermana Gudule.

Claude Frollo
Brandon Hurst
Phœbus
Norman Kerry
Una Produccion
"Universal"
Basada en la Obra Maestra
de Victor Hugo
El Jorobado de
NUESTRA SEÑORA DE PARIS
Esmeralda
Patsy Ruth Miller
Lon Chaney
Quasimodo

Carl Laemmle
presenta
EL JOROBADO
DE
NUESTRA SEÑORA
DE
PARIS
Produccion Universal
Super-Joya

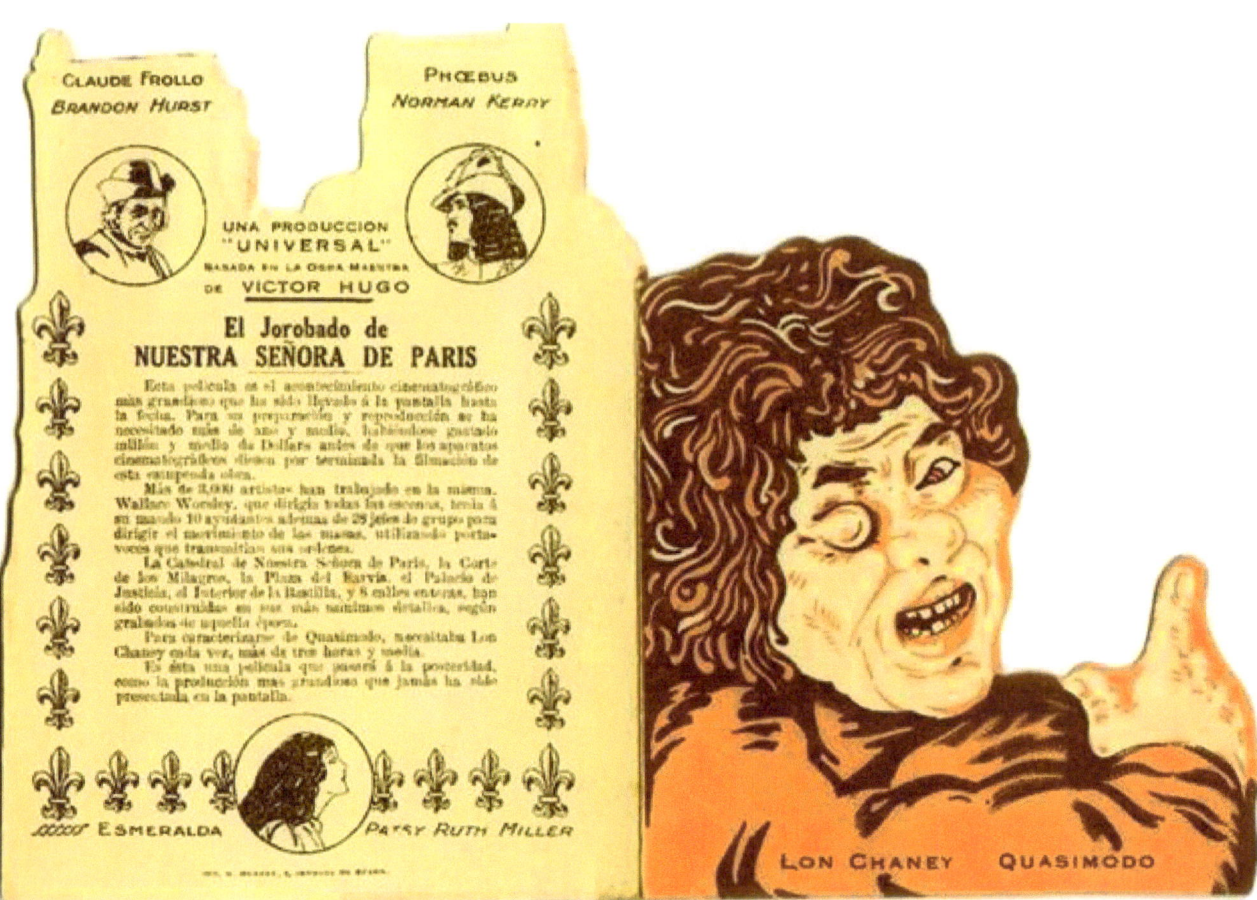

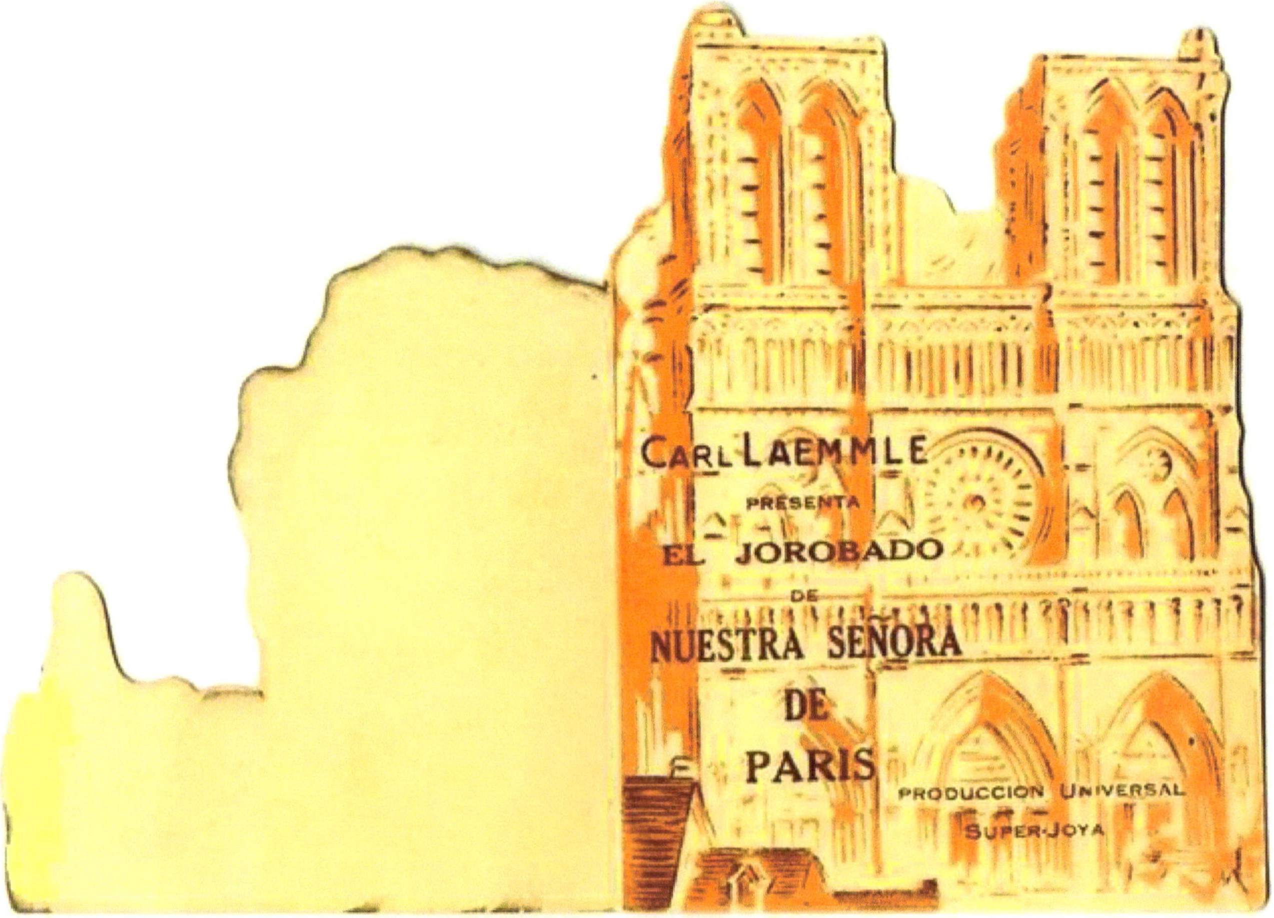

LON CHANEY
en
El Jorobado
de Notre Dame
Colección de Volantes
D. SILVA
PROGRAMA MAX GLUCKSMAN EXTRAORDINARIO
LON CHANEY
en
El jorobado
de Notre Dame
MONUMENTAL NOVELA DE VICTOR HUGO
ADAPTADA A LA PANTALLA DE UNA MANERA GENIAL

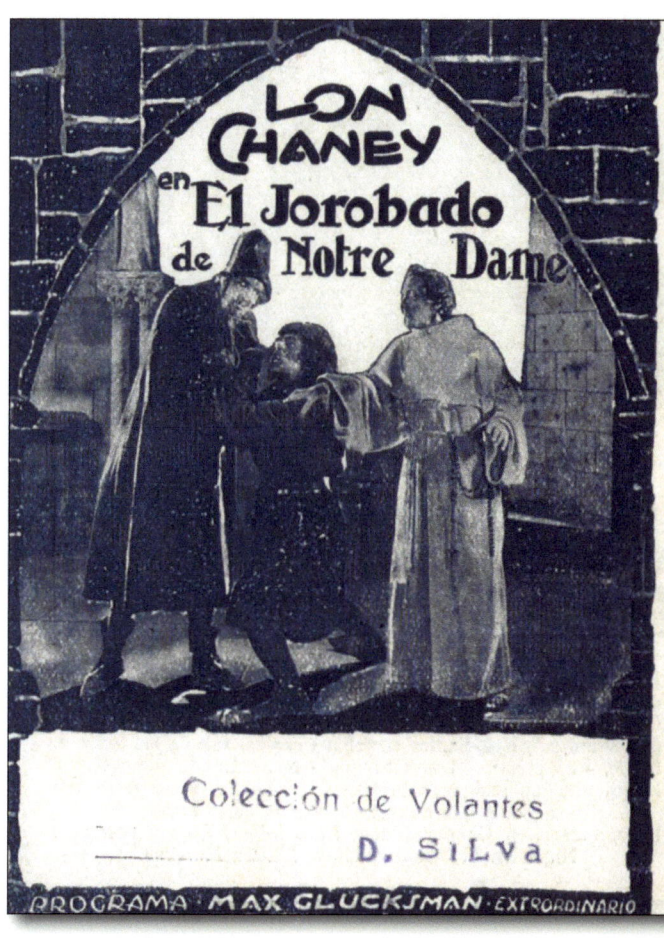

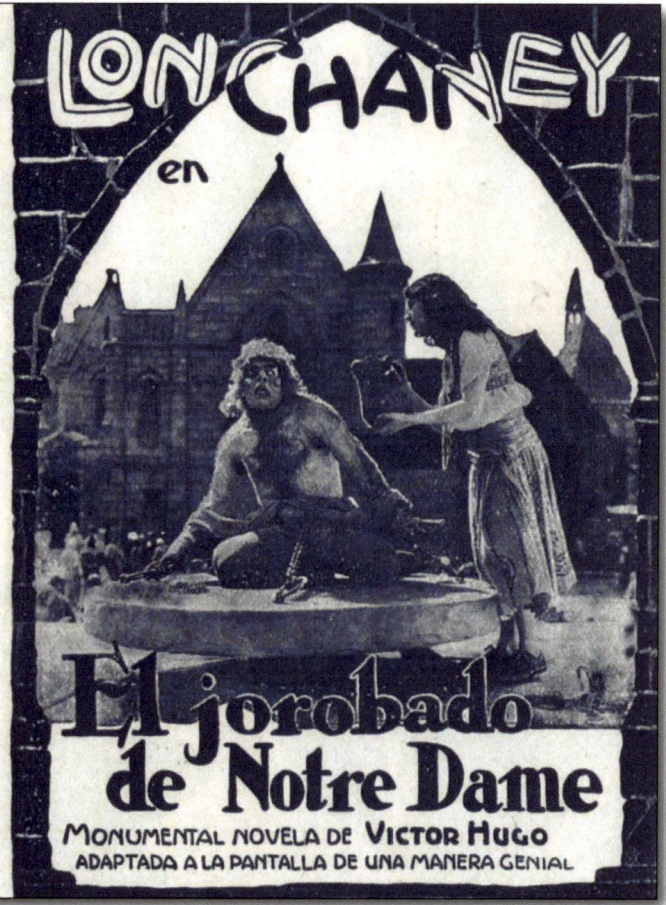

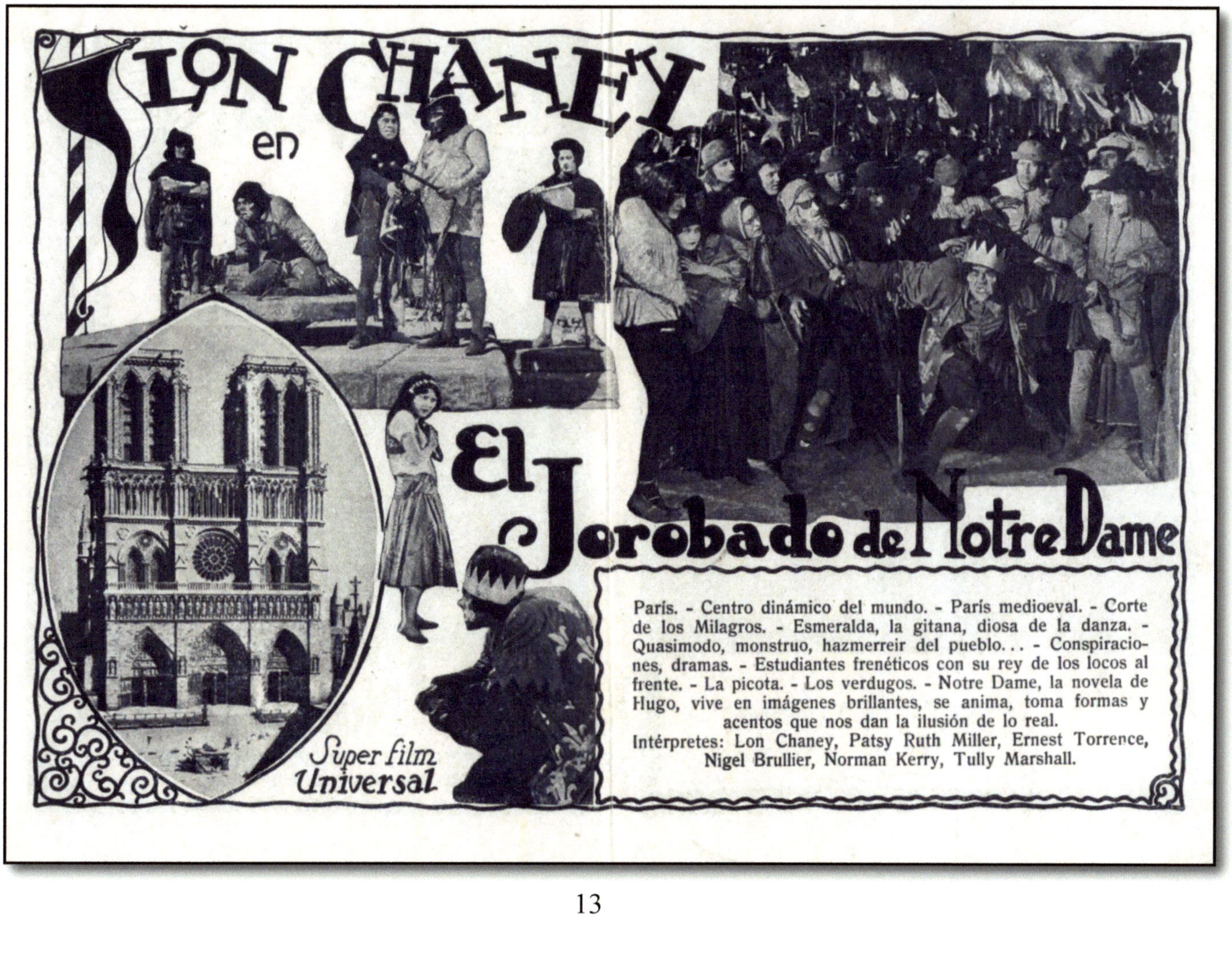
LON CHANEY
en
El Jorobado de Notre Dame
París. - Centro dinámico del mundo. - París medioeval. - Corte de los Milagros. - Esmeralda, la gitana, diosa de la danza. - Quasimodo, monstruo, hazmerreir del pueblo... - Conspiraciones, dramas. - Estudiantes frenéticos con su rey de los locos al frente. - La picota. - Los verdugos. - Notre Dame, la novela de Hugo, vive en imágenes brillantes, se anima, toma formas y acentos que nos dan la ilusión de lo real.
Intérpretes: Lon Chaney, Patsy Ruth Miller, Ernest Torrence, Nigel Brullier, Norman Kerry, Tully Marshall.
Super film Universal

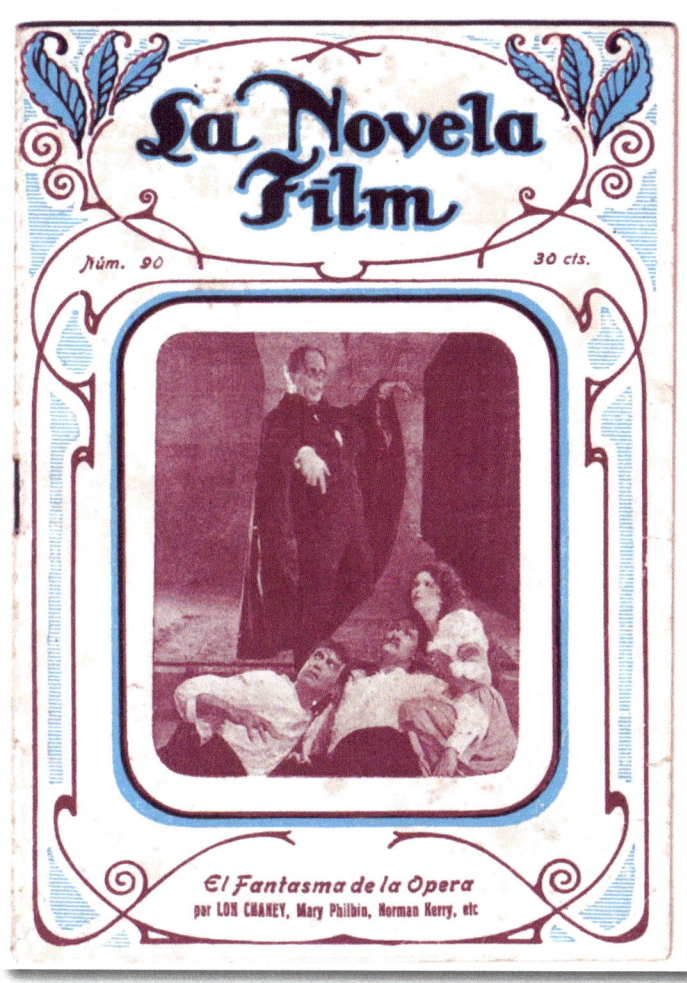

Spanish Photoplay edition

The Monster, 1925

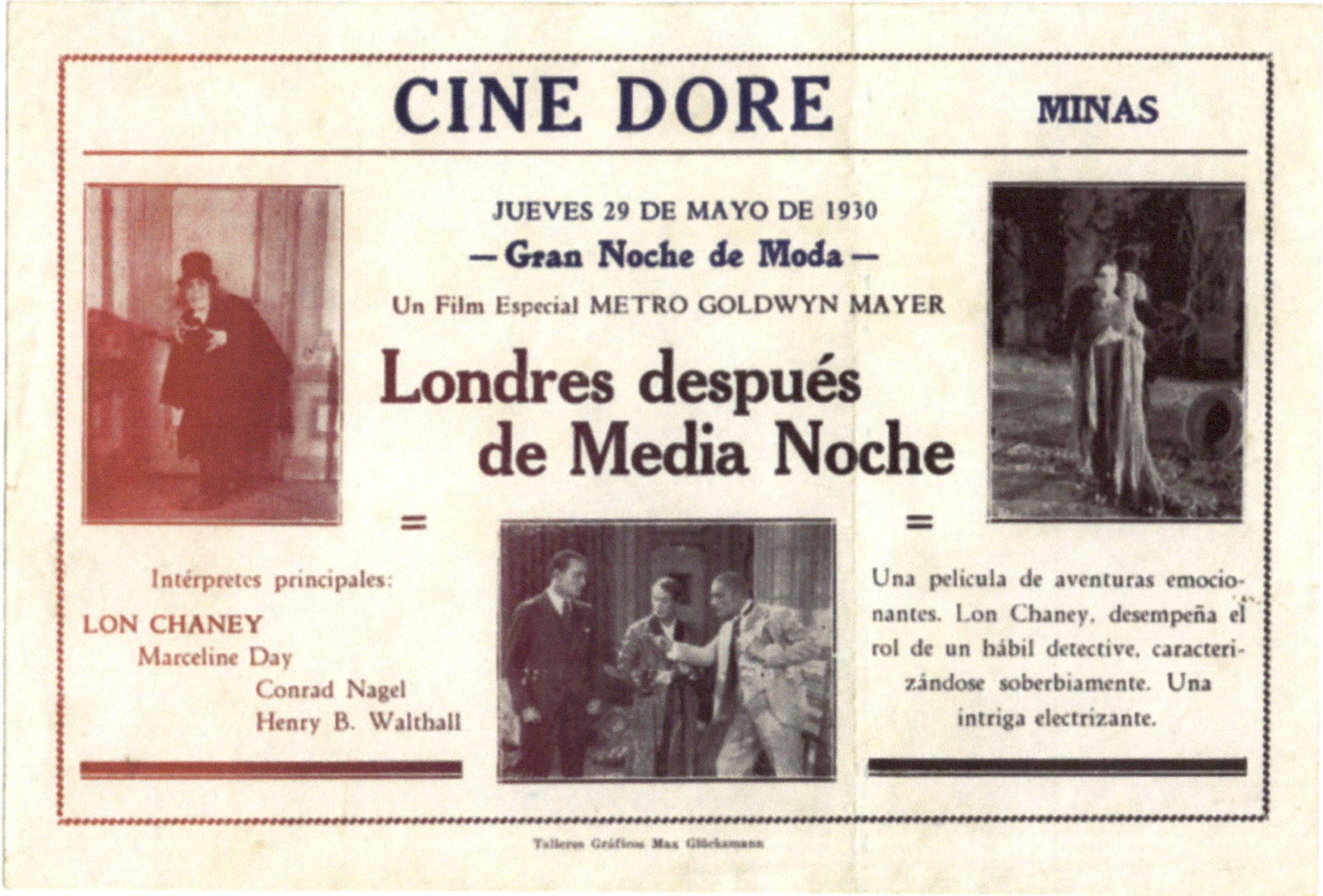
CINE DORE
MINAS
JUEVES 29 DE MAYO DE 1930
— Gran Noche de Moda —
Un Film Especial METRO GOLDWYN MAYER
Londres después de Media Noche
Intérpretes principales:
LON CHANEY
Marceline Day
Conrad Nagel
Henry B. Walthall
Una película de aventuras emocionantes. Lon Chaney, desempeña el rol de un hábil detective, caracterizándose soberbiamente. Una intriga electrizante.
Talleres Gráficos Max Glücksmann

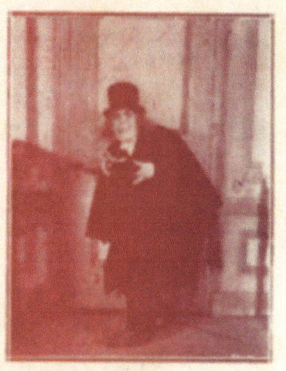

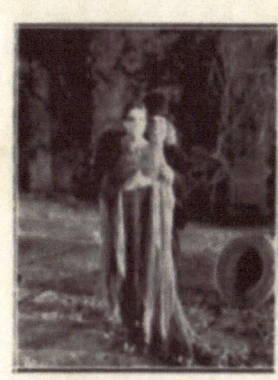

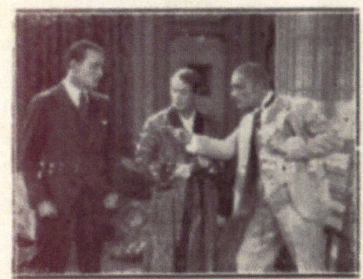

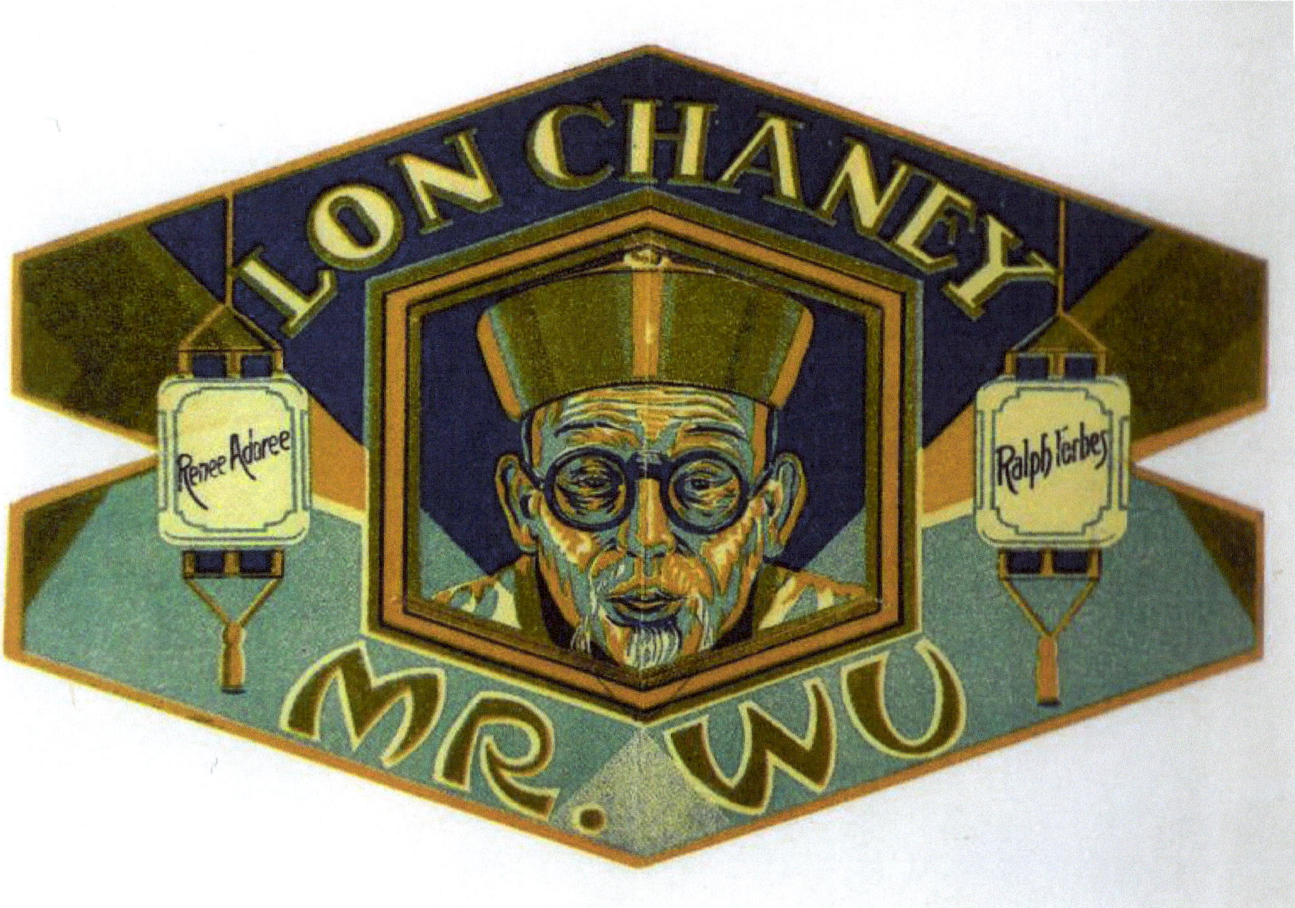
LON CHANEY
Renee Adoree
Ralph Forbes
MR. WU

The Bat

Faust

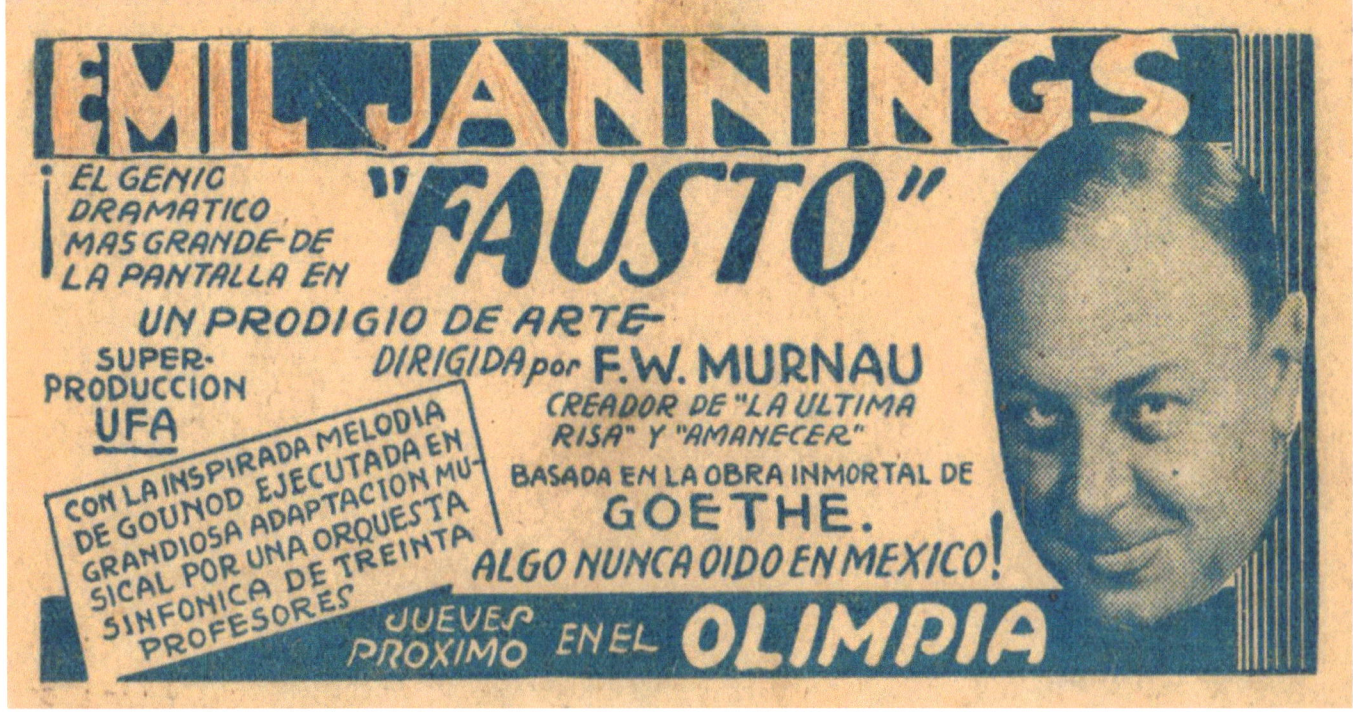

Metropolis

The Girl in the Moon

The Man Who Laughs

The Cat and the Canary
(Right) Sound remake with Lupita Tovar

The Unholy Three

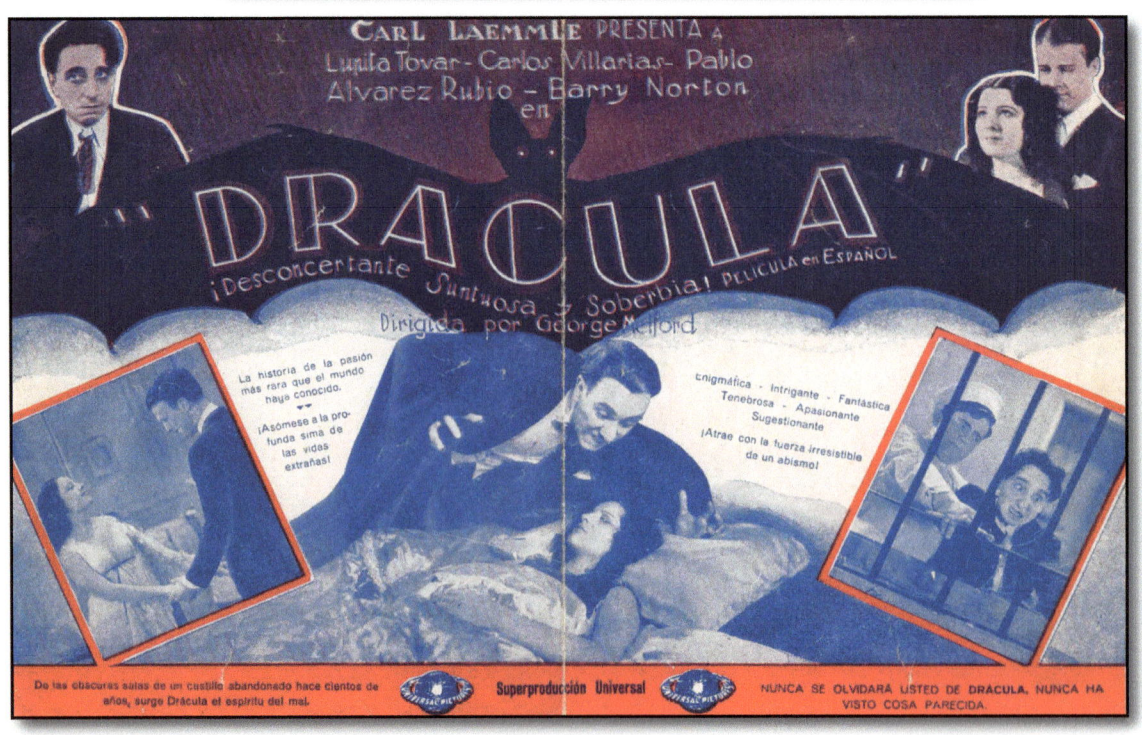

Carlos Laemmle
presenta
El
Doctor
FRANKENSTEIN
AUTOR
DEL
MONSTRUO
extraordinaria película UNIVERSAL

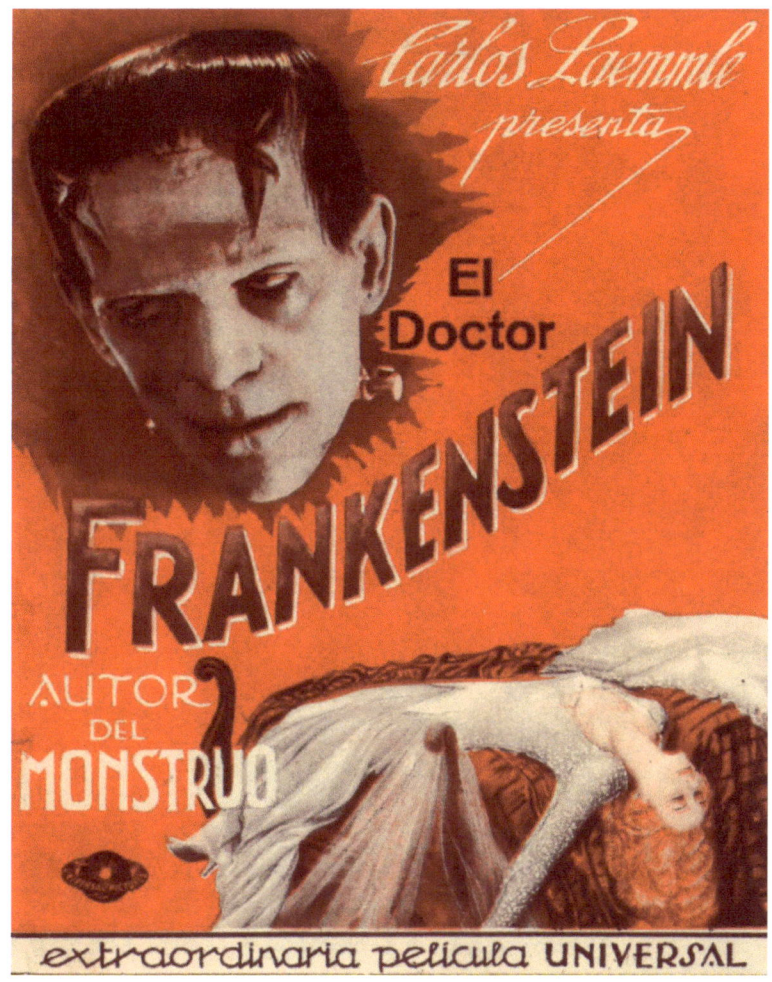

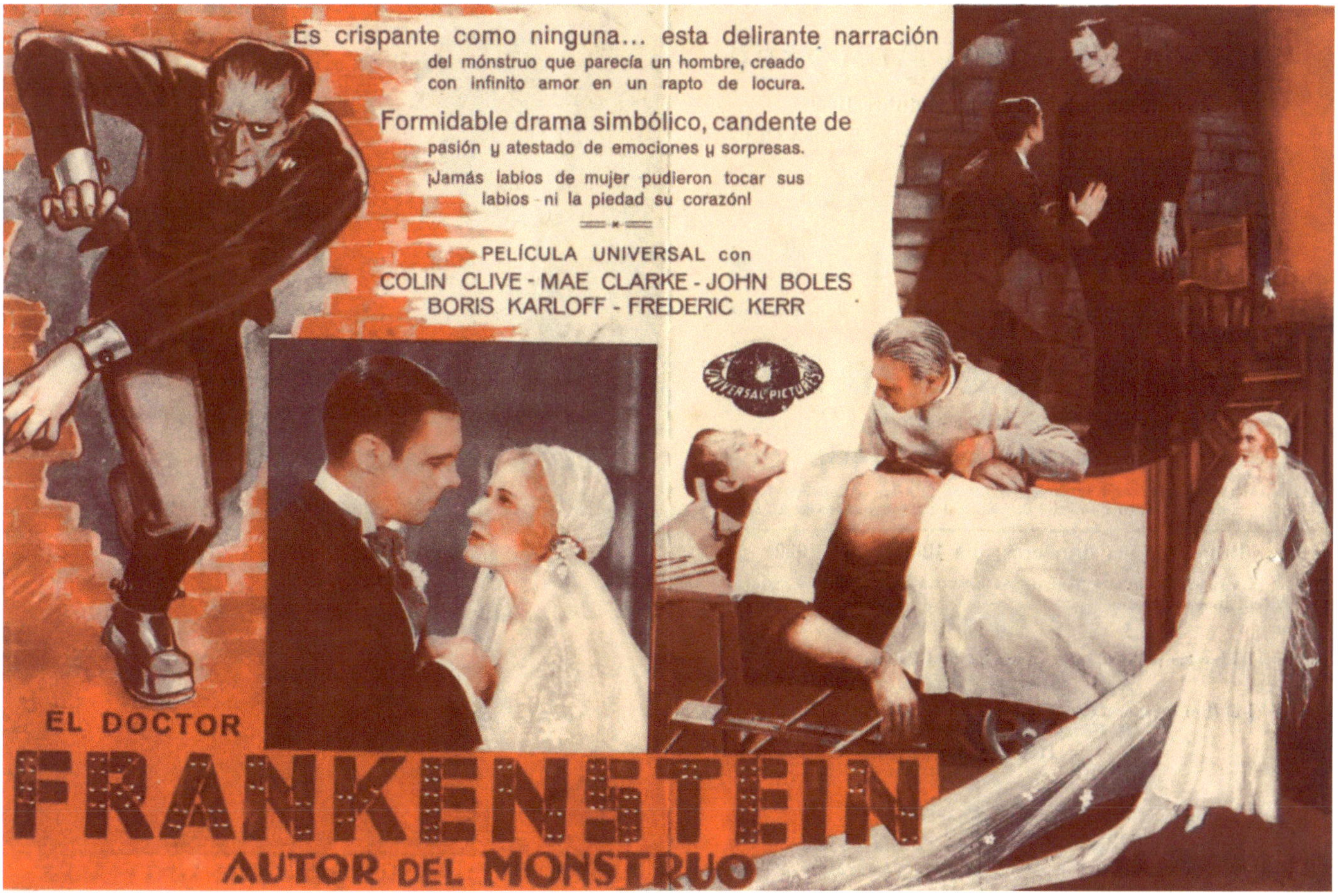
Es crispante como ninguna... esta delirante narración
del mónstruo que parecía un hombre, creado
con infinito amor en un rapto de locura.
Formidable drama simbólico, candente de
pasión y atestado de emociones y sorpresas.
¡Jamás labios de mujer pudieron tocar sus
labios ni la piedad su corazón!
PELÍCULA UNIVERSAL con
COLIN CLIVE - MAE CLARKE - JOHN BOLES
BORIS KARLOFF - FREDERIC KERR
UNIVERSAL PICTURES
EL DOCTOR
FRANKENSTEIN
AUTOR DEL MONSTRUO

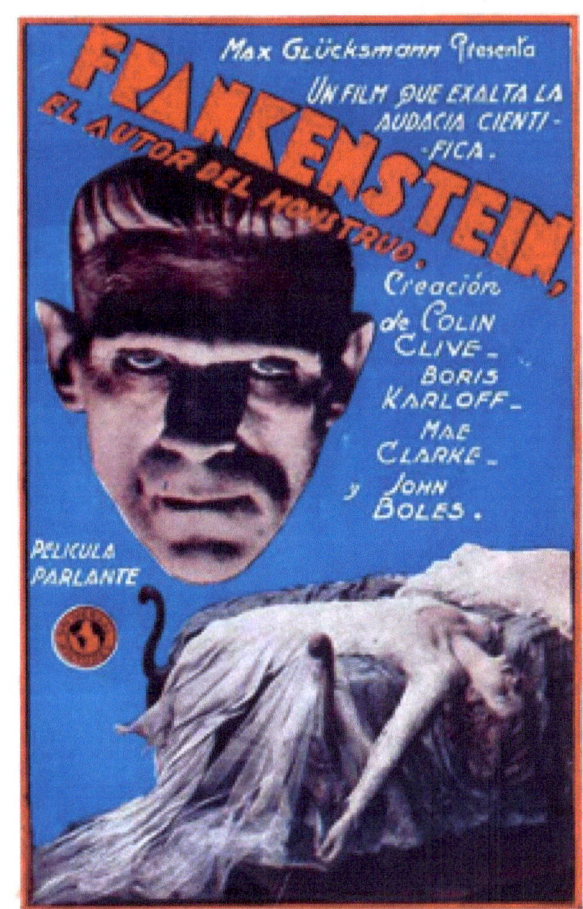
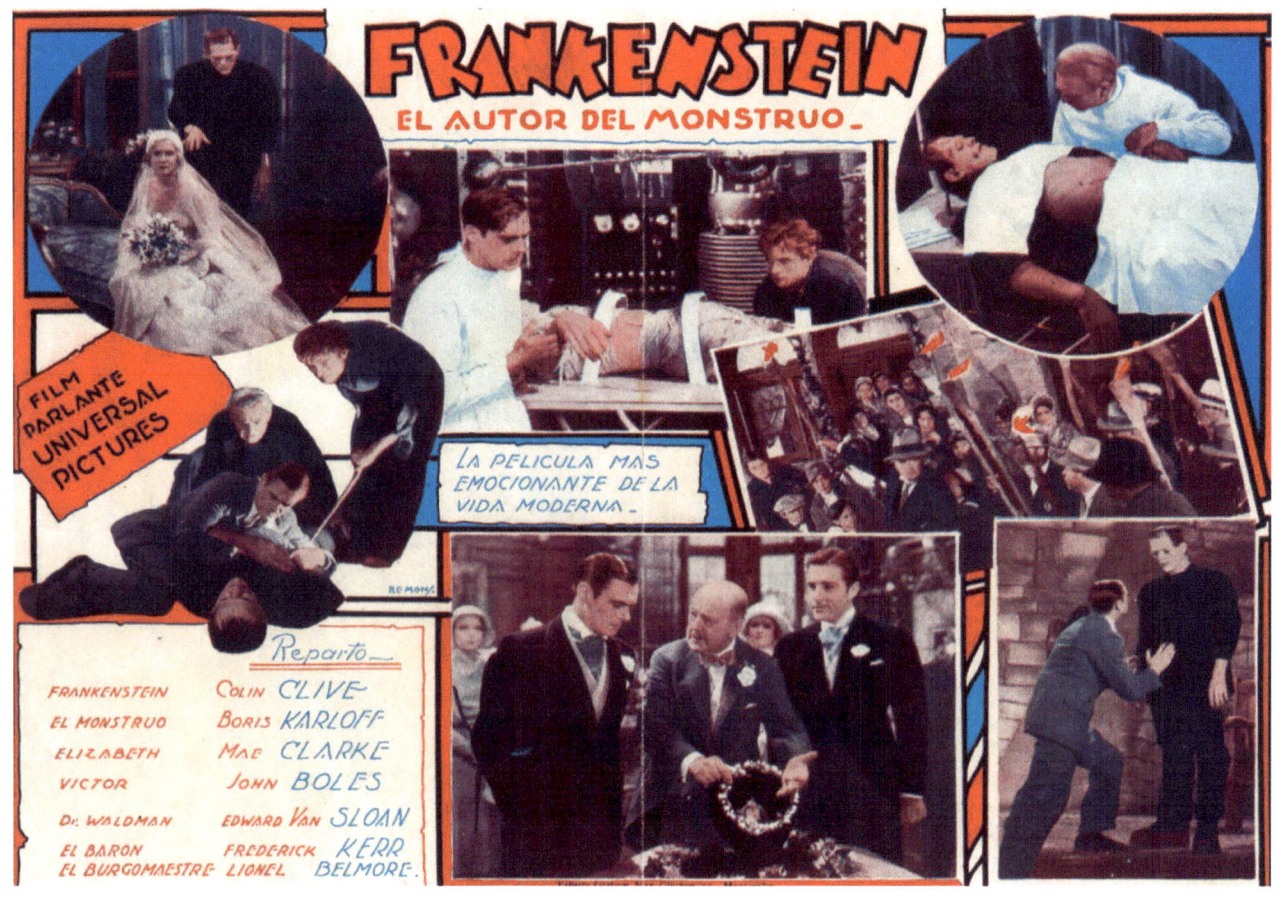

Reissue 1965

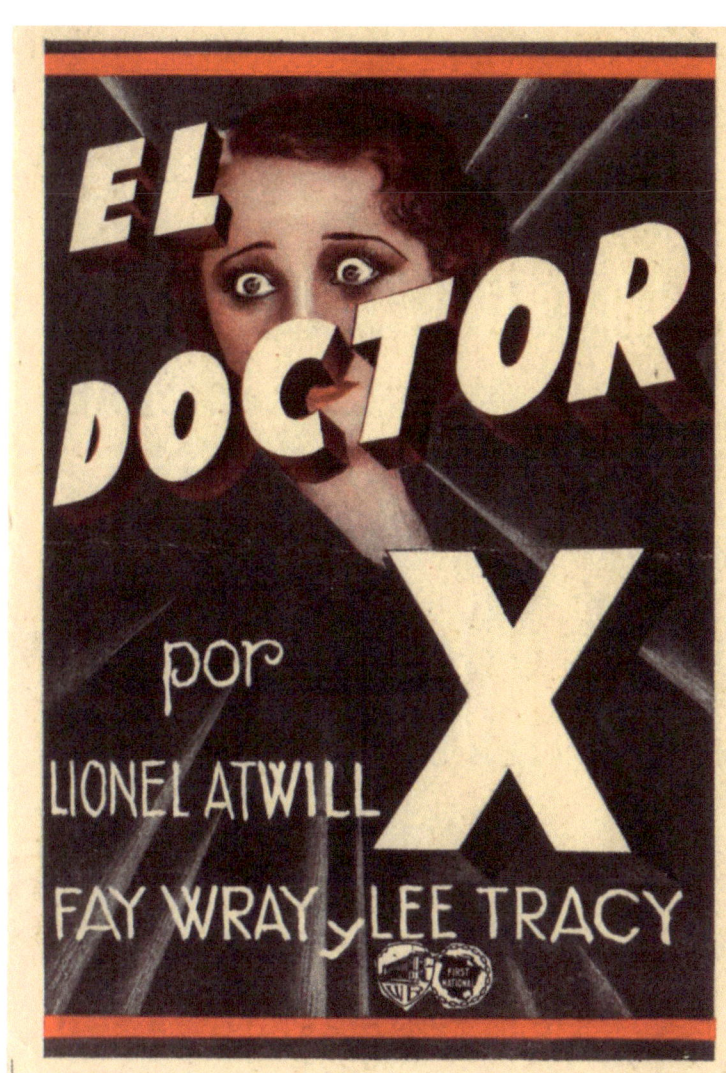

Just Imagine

Murders in the Rue Morgue

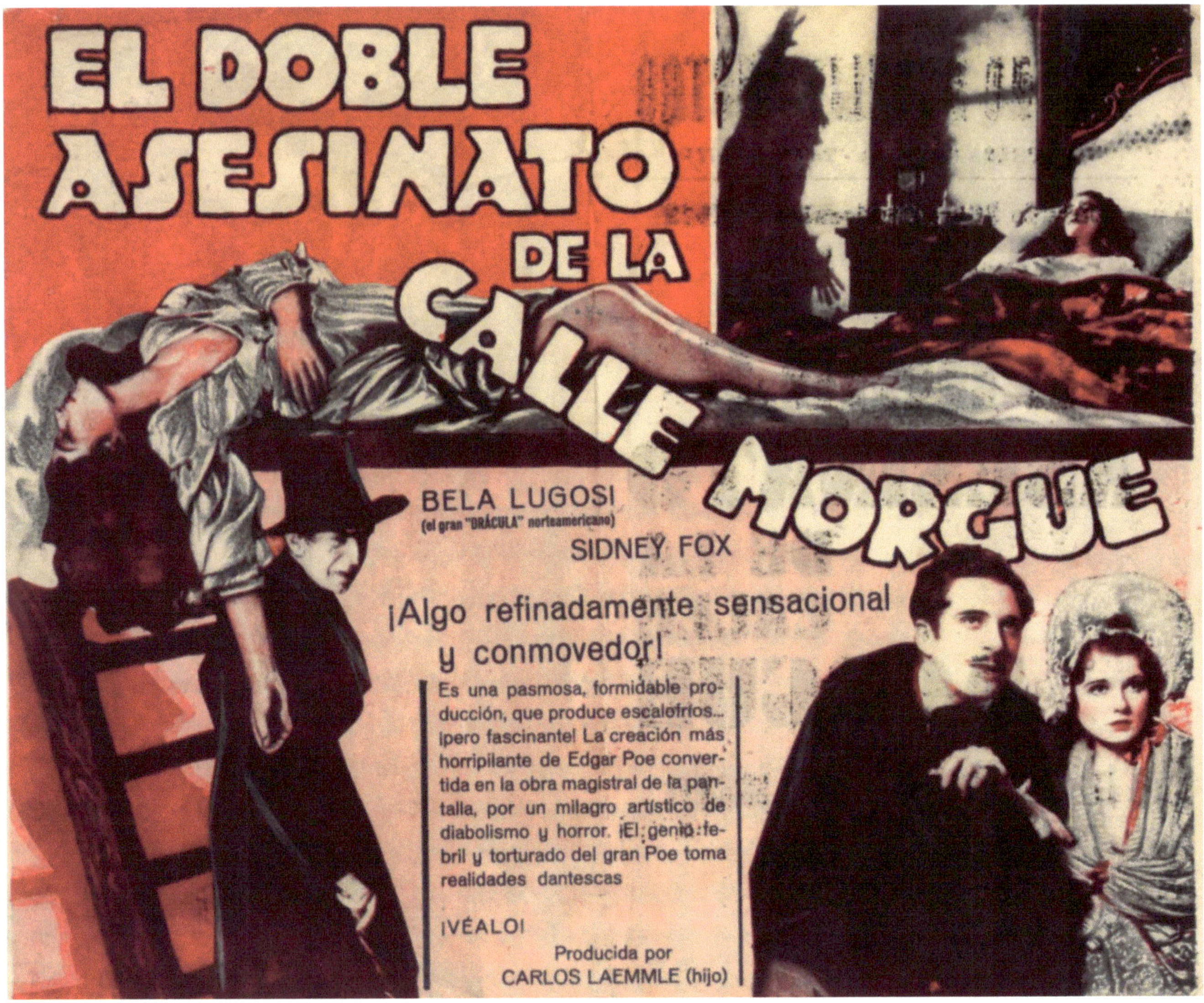
EL DOBLE ASESINATO DE LA CALLE MORGUE
BELA LUGOSI
(el gran "DRÁCULA" norteamericano)
SIDNEY FOX
¡Algo refinadamente sensacional y conmovedor!
Es una pasmosa, formidable producción, que produce escalofríos... ¡pero fascinante! La creación más horripilante de Edgar Poe convertida en la obra magistral de la pantalla, por un milagro artístico de diabolismo y horror. ¡El genio febril y torturado del gran Poe toma realidades dantescas
¡VÉALO!
Producida por
CARLOS LAEMMLE (hijo)

Wallace Ford y Leila Hyams en la
PRODUCCIÓN METRO - GOLDWYN - MAYER
LA PARADA DE LOS MONSTRUOS
interpretada por Wallace Ford, Olga Baclanova
y Leila Hyams

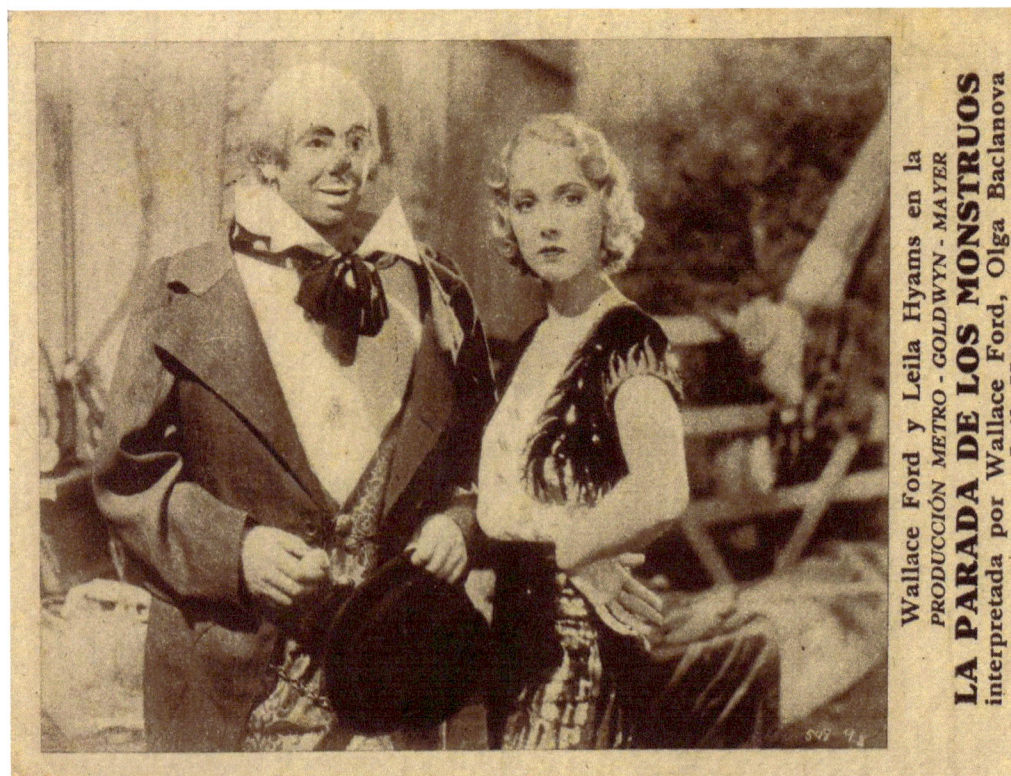

Freaks

Freaks

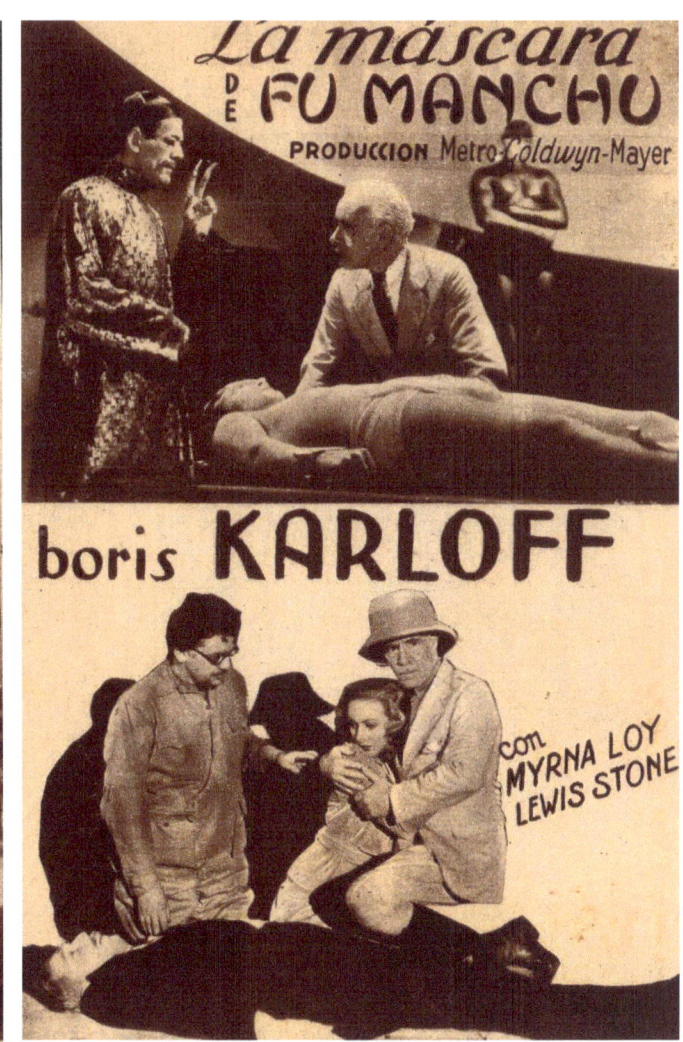

The Mask of Fu Manchu

EL HOMBRE y EL MONSTRUO
FREDRIC MARCH
MIRIAM HOPKINS
y
ROSE HOBART
Jamás en la pantalla se admiró caracterización más sorprendente que la de Fredric March, mostrando a la luz clara del día el HOMBRE Y EL MONSTRUO que todos llevamos dentro. Durante el día la abnegación, la pureza de los más altos ideales; por la noche el vicio, la crueldad brutal. A su vez Rosa Hobart y Miriam Hopkins son el ángel y el diablillo que encienden en el corazón del protagonista las más encontradas pasiones hasta hacer surgir El HOMBRE Y EL MONSTRUO en un mismo ser. La dirección de Rouben Mamoulian ha logrado verdaderas maravillas de técnina y realización.

Paramount presenta a
FREDRIC MARCH
en
EL HOMBRE y
EL MONSTRUO
CON
MIRIAM HOPKINS y
ROSE HOBART

UN FILM DE
ROUBEN MAMOULIAN
interpretat meravellosament per
el gran actor
FREDERICH
MARCH
junt amb
MIRIAM
HOPKINS i
ROSE HOBART
EL HOMBRE Y EL MONSTRUO
EL HOMBRE
Y EL MONSTRUO
(totalment parlat en espanyol)
IMPORTANT: DIJOUS i DISSABTE començarà el programa amb UN CHICO ENCANTADOR i DIUMENGE amb EL HOMBRE Y EL MONSTRUO.

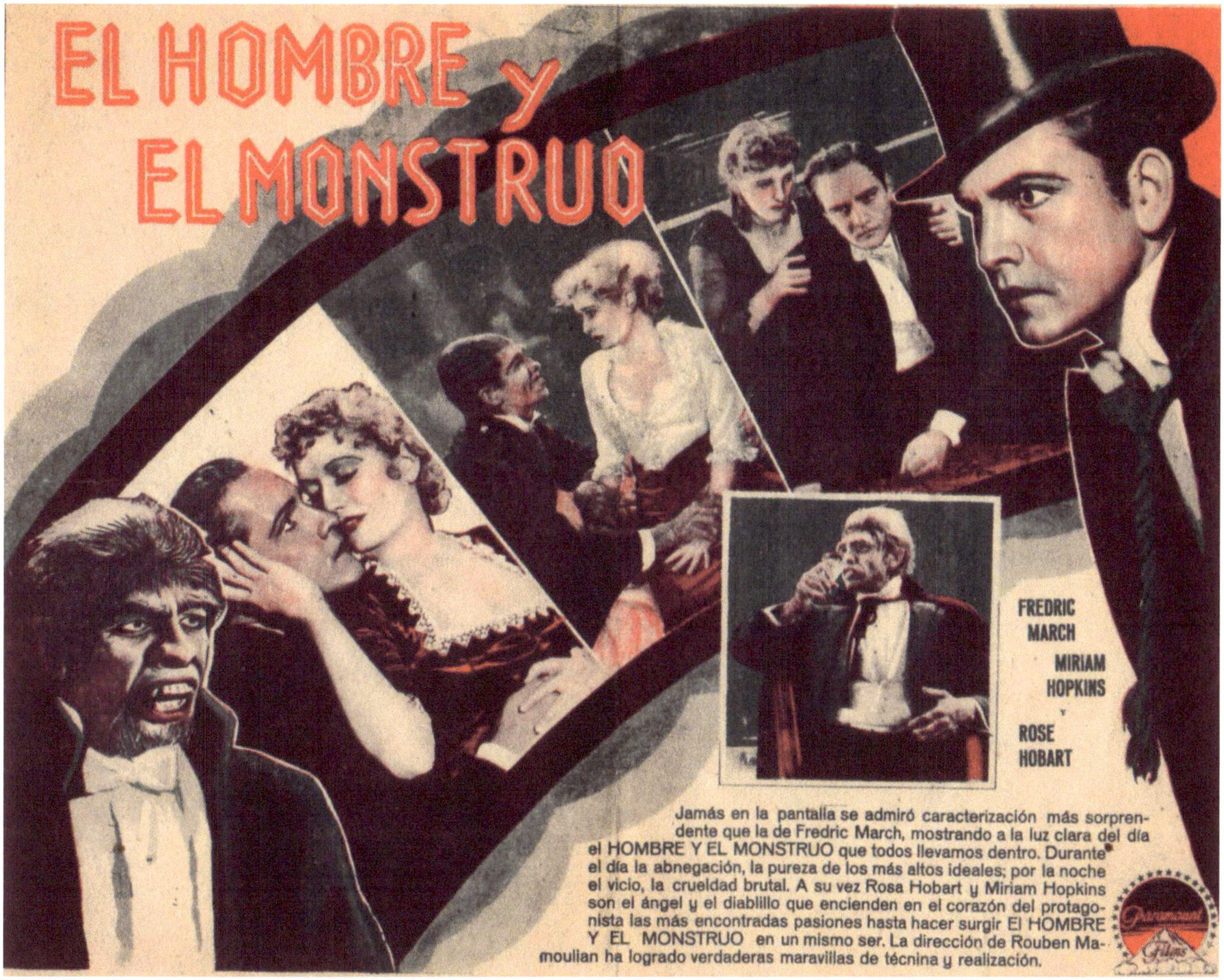

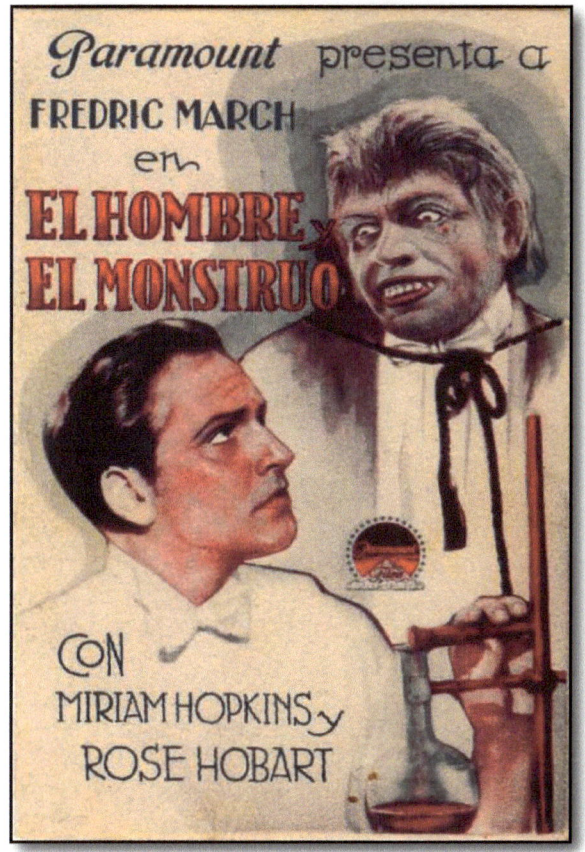

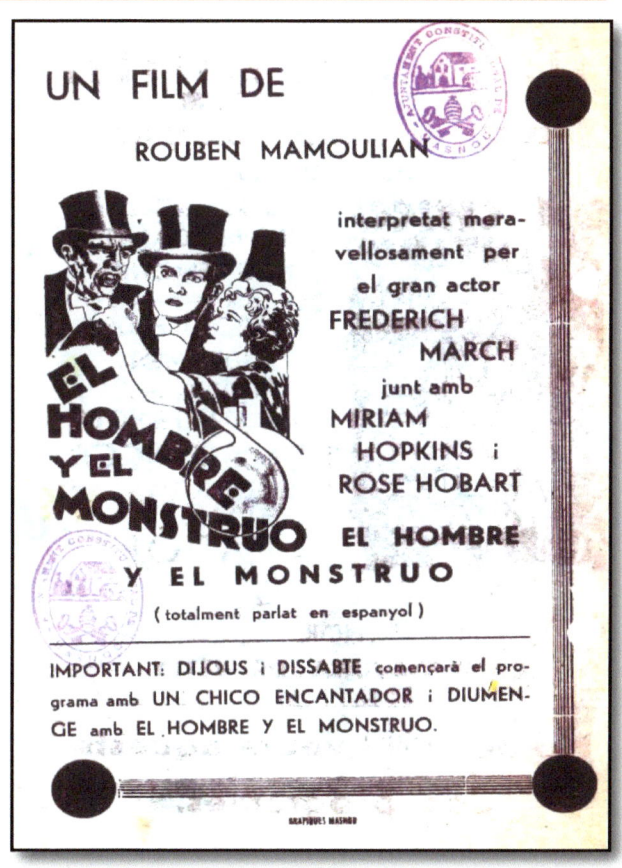

The Most Dangerous Game

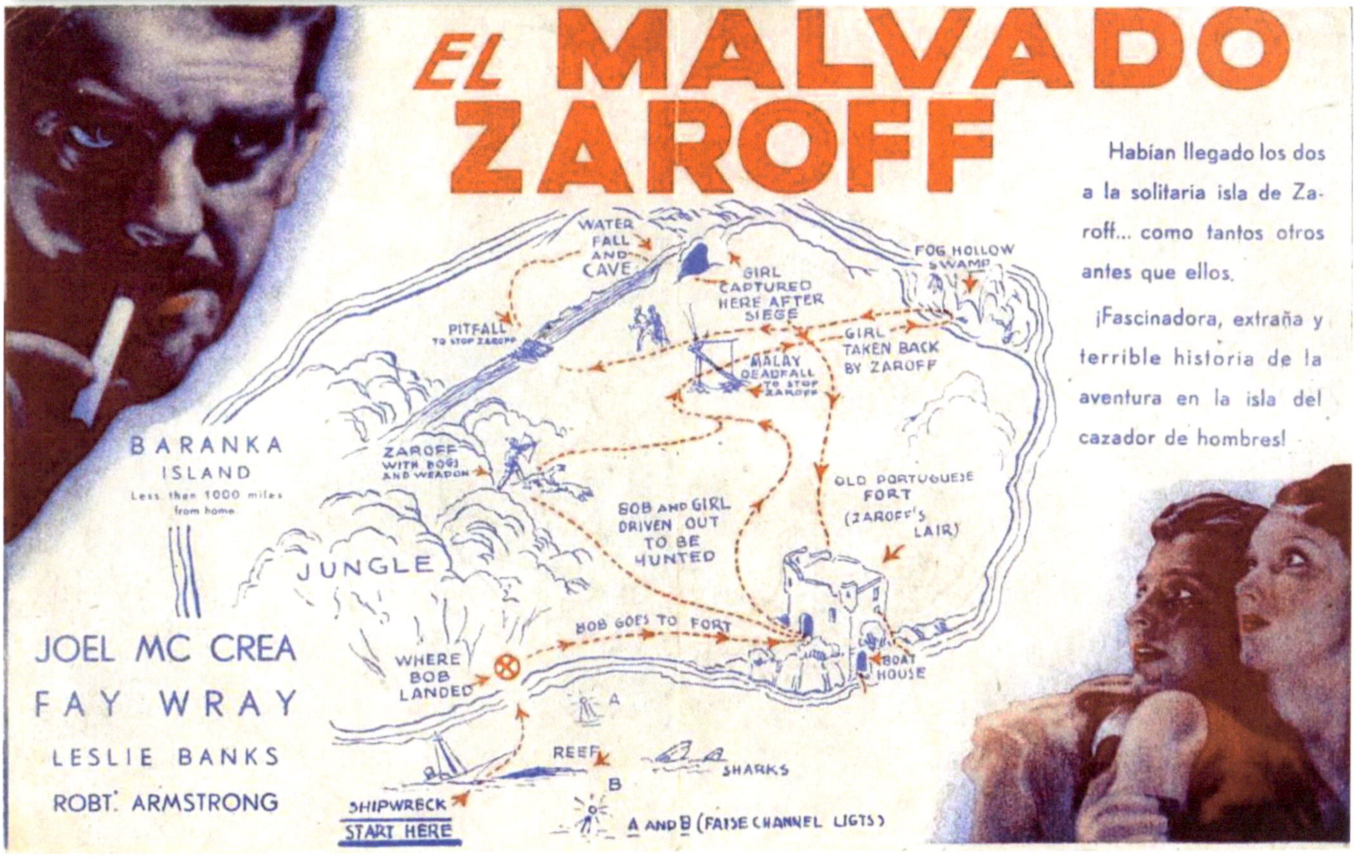

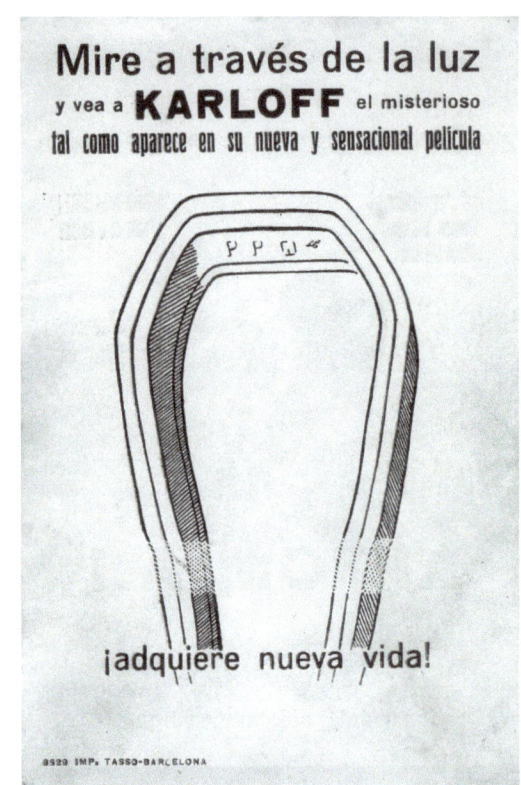

The Mummy - When held up to a light, the image of the mummy appears in the coffin.

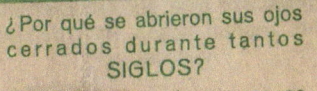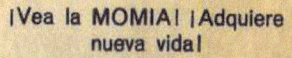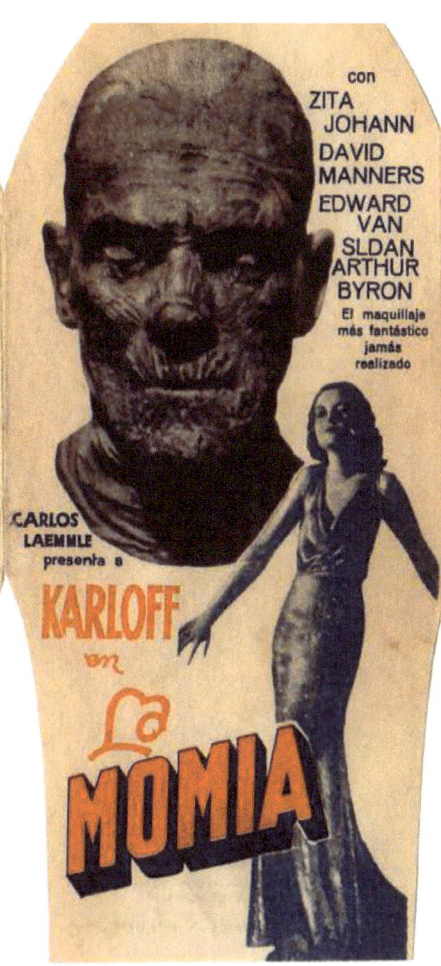

The Old Dark House

EL FANTASMA DE CRESTWOOD
¿QUIEN MATÓ JENNY WREN?
SICE
Radio PICTURES

¡La cara que flotaba en el aire parecía sentenciar a Jenny Wren!
"EL FANTASMA DE CRESTWOOD"
POR
RICARDO CORTEZ
Y
KAREN MORLEY
En vida trató a los hombres sin compasión. Después de muerta sobre hombres y mujeres proyectó la sombra de la horca y sin embargo...
A ninguno de los trece acusados se podía condenar, con plena evidencia, por haberla asesinado.

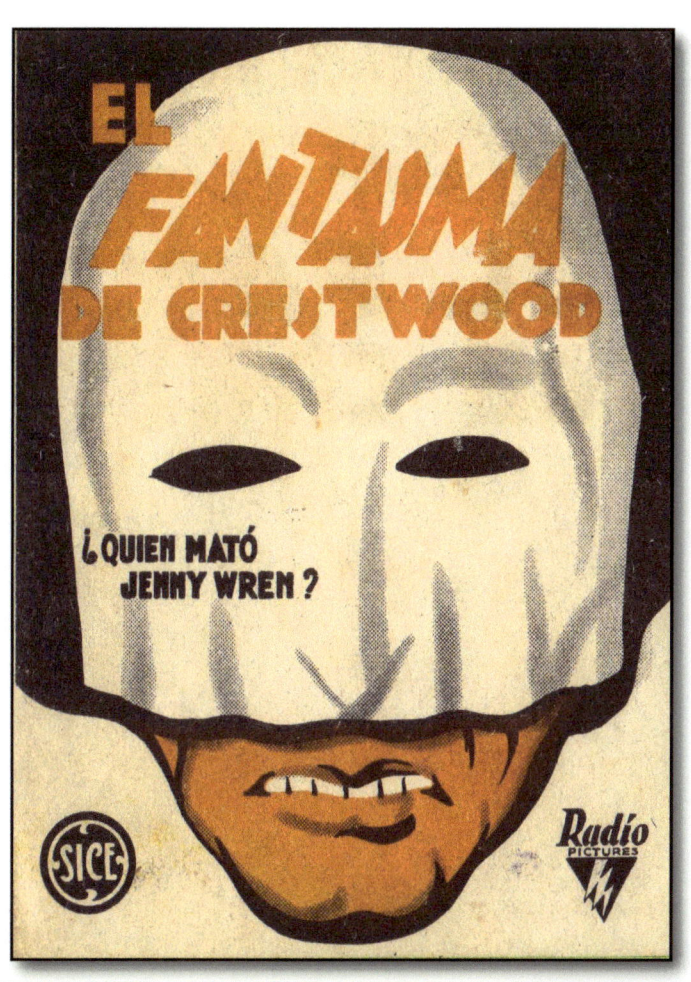

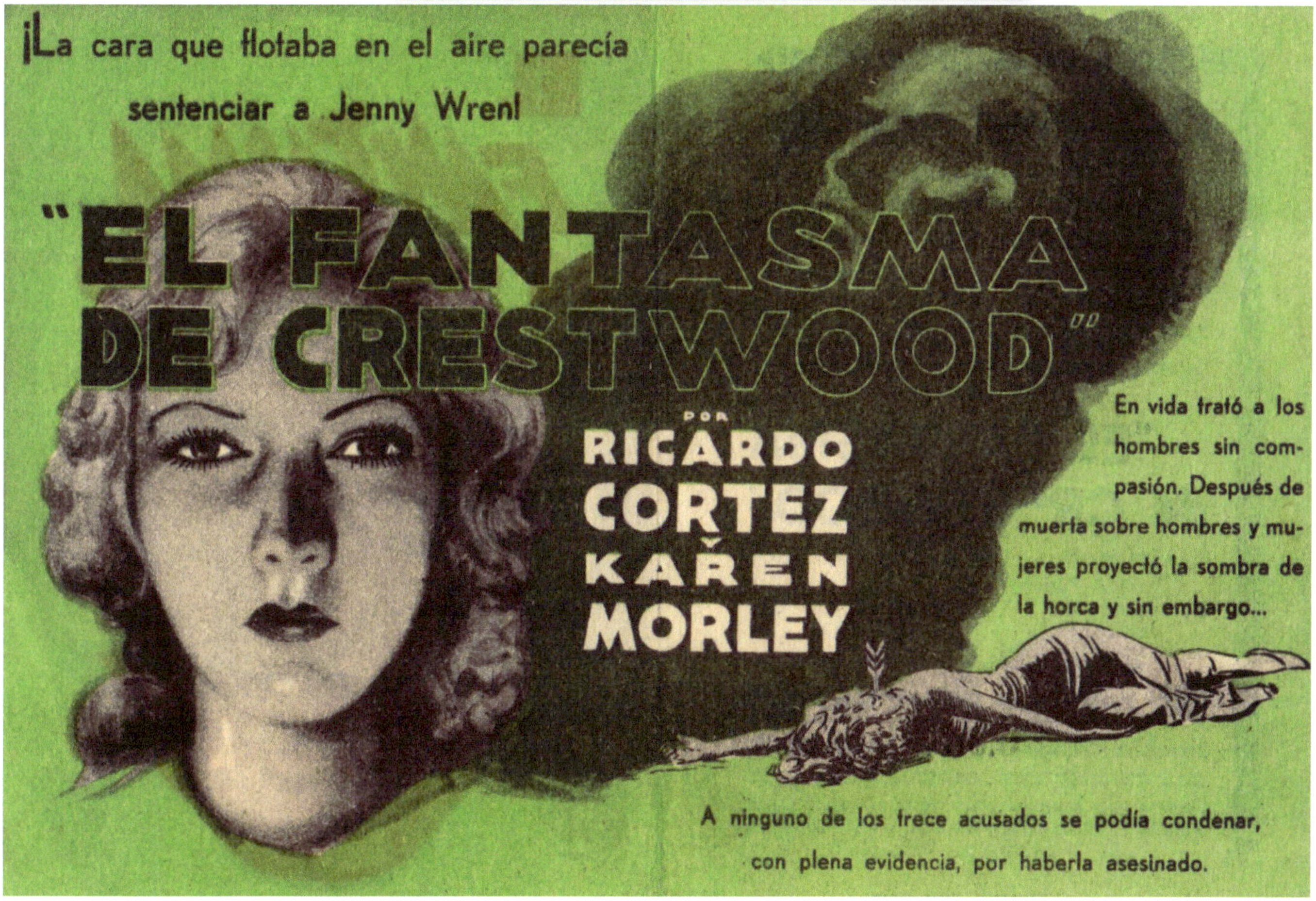

Funf Geschichten (Unholy Tales) made in 1932

The 13th Guest

UN FILM DE FRITZ LANG
ASISTIDO POR RENÉ STI
El Testamento del Dr. Mabuse
U FILMS
PRESENTA

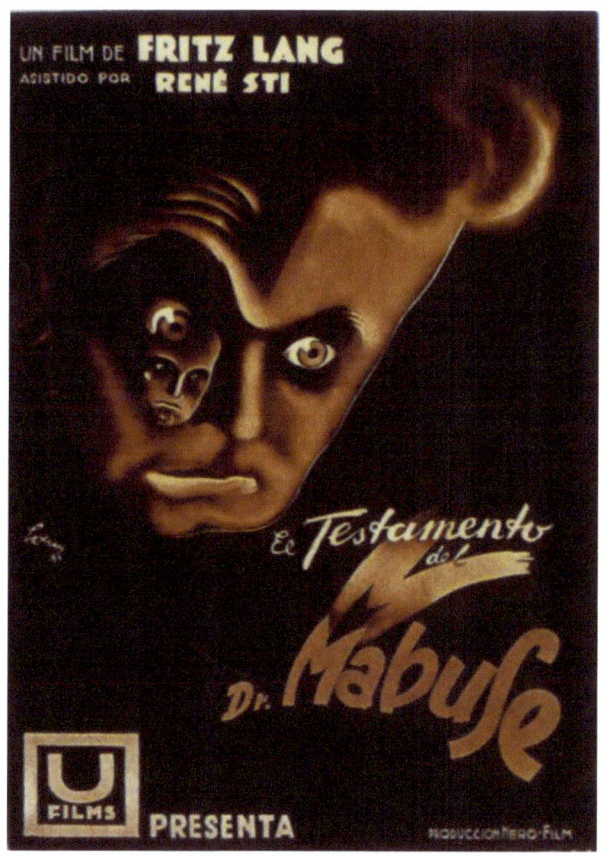

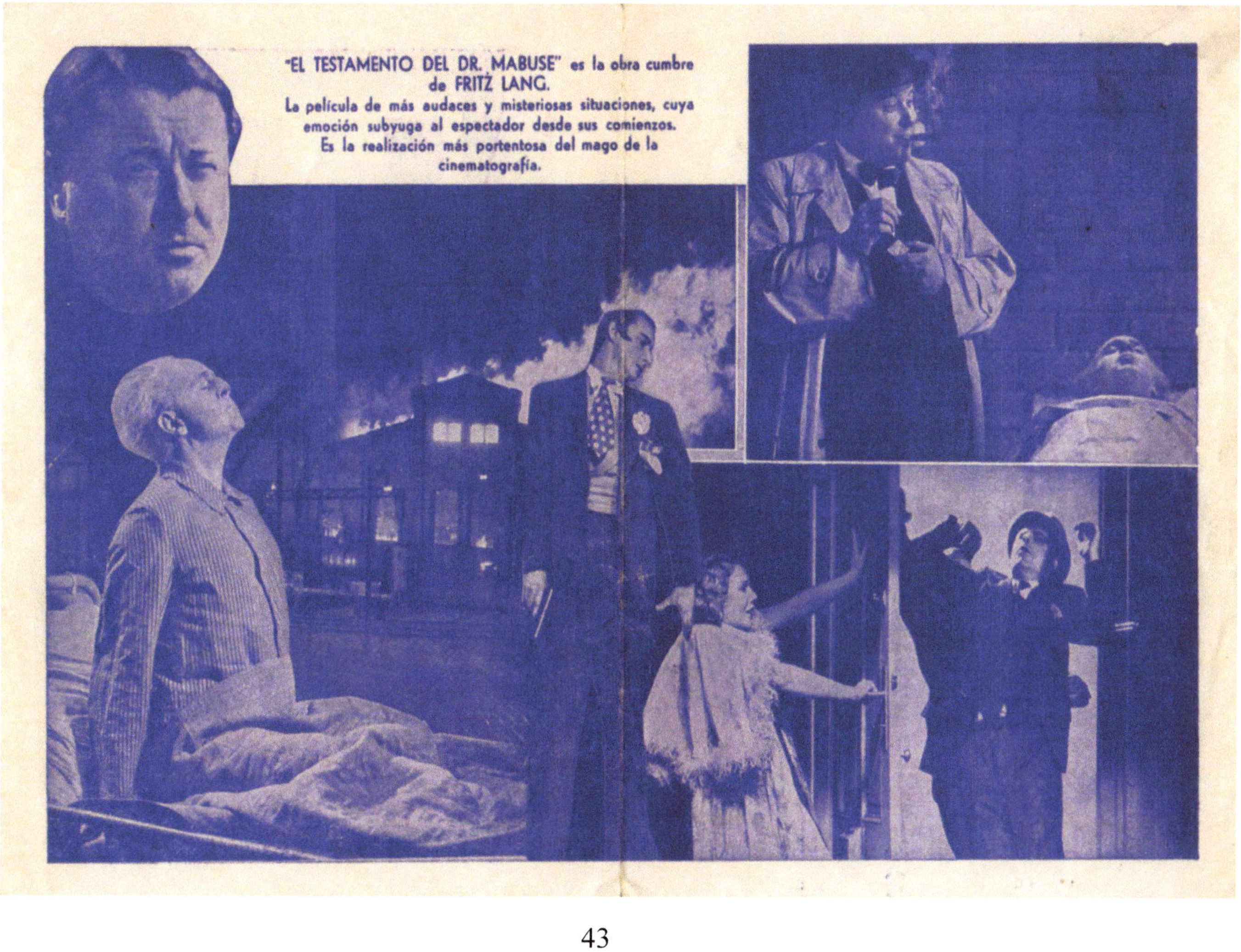
"EL TESTAMENTO DEL DR. MABUSE" es la obra cumbre de FRITZ LANG.
La película de más audaces y misteriosas situaciones, cuya emoción subyuga al espectador desde sus comienzos.
Es la realización más portentosa del mago de la cinematografía.

EL DILUVIO

Deluge

EL DILUVIO
El más asombroso y fantástico drama de amor humano al encontrarse en plena libertad entre las ruinas de una civilización.
Por
Peggi Shannon,
Lois Wilson y
Sidney Blackmer

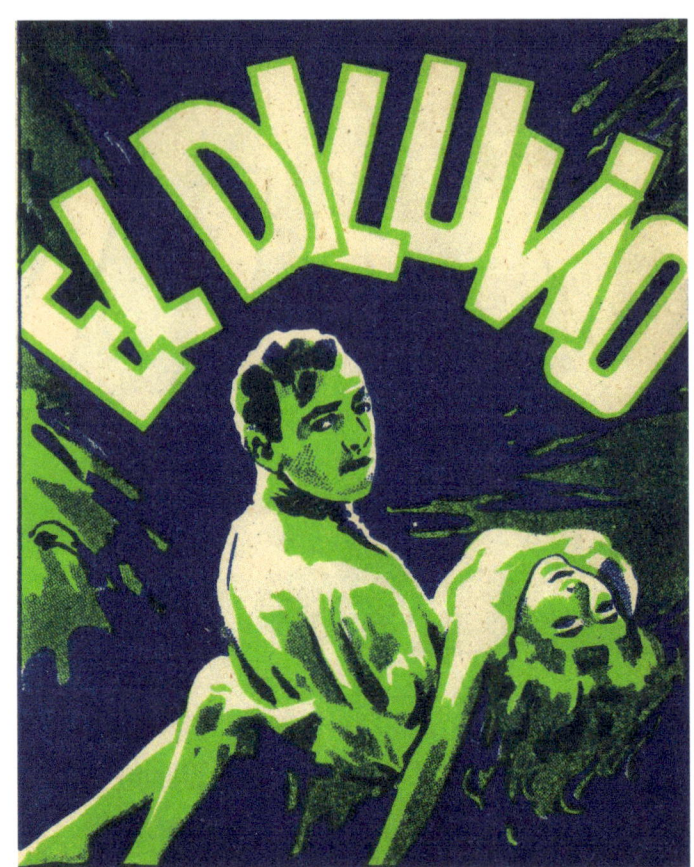

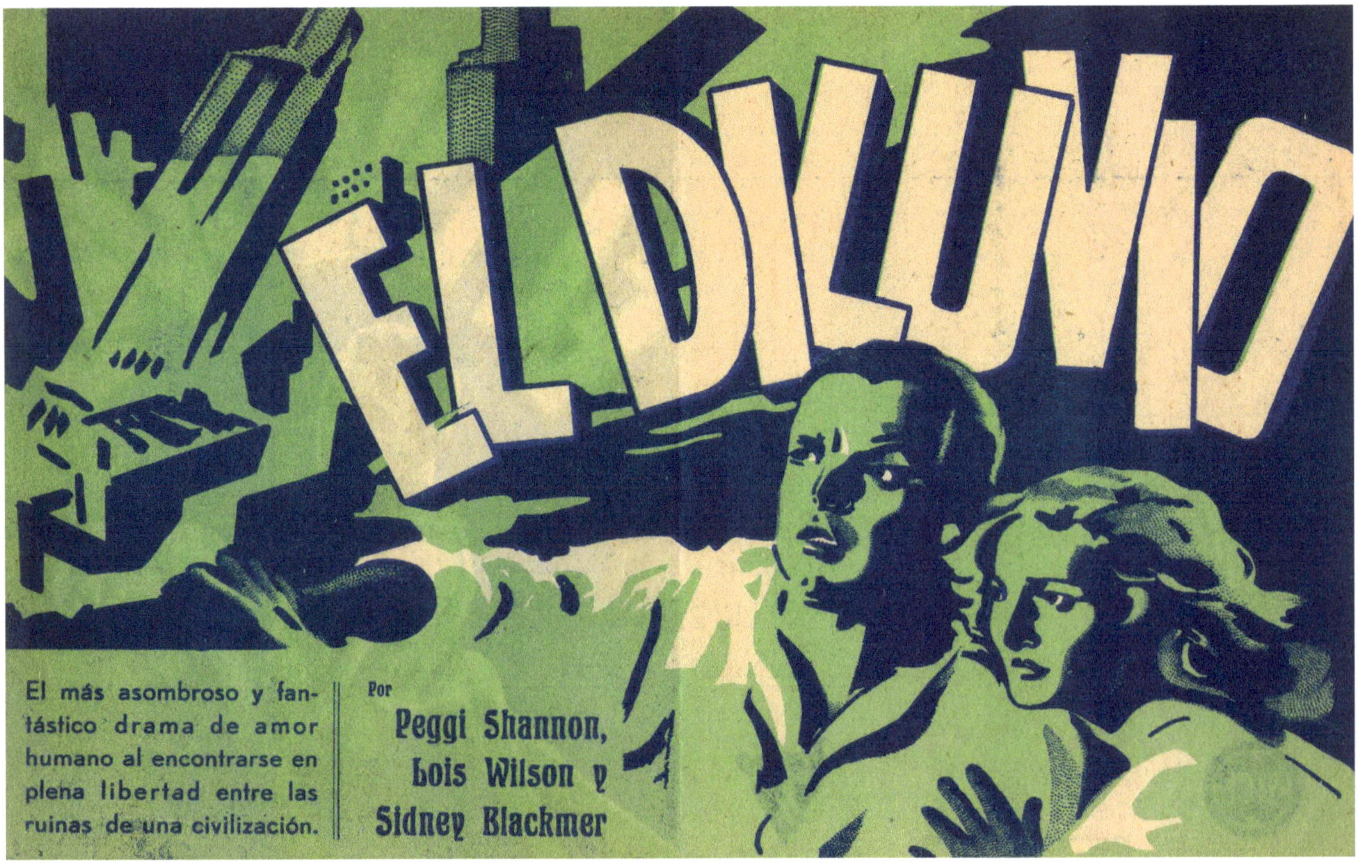

(Previous page)
The Death Kiss

Murders in the Zoo

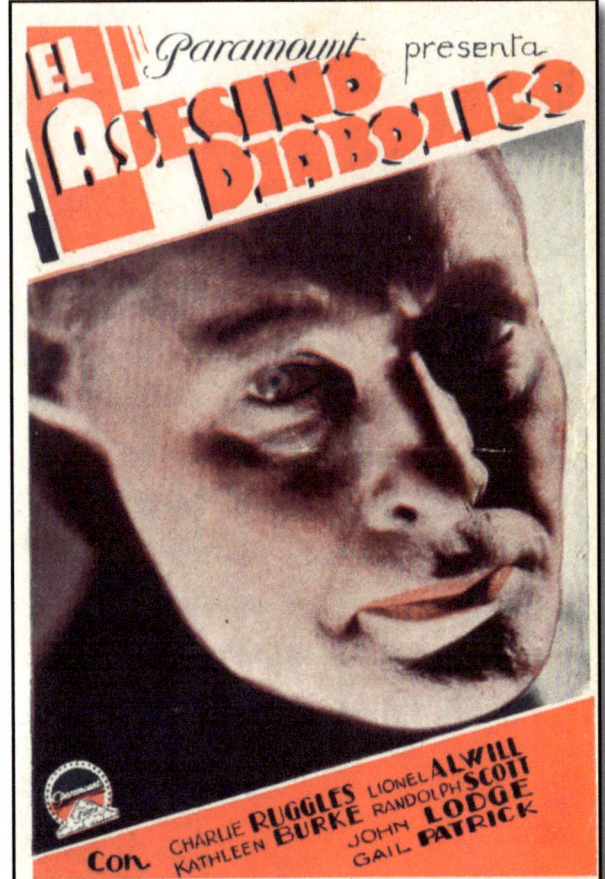

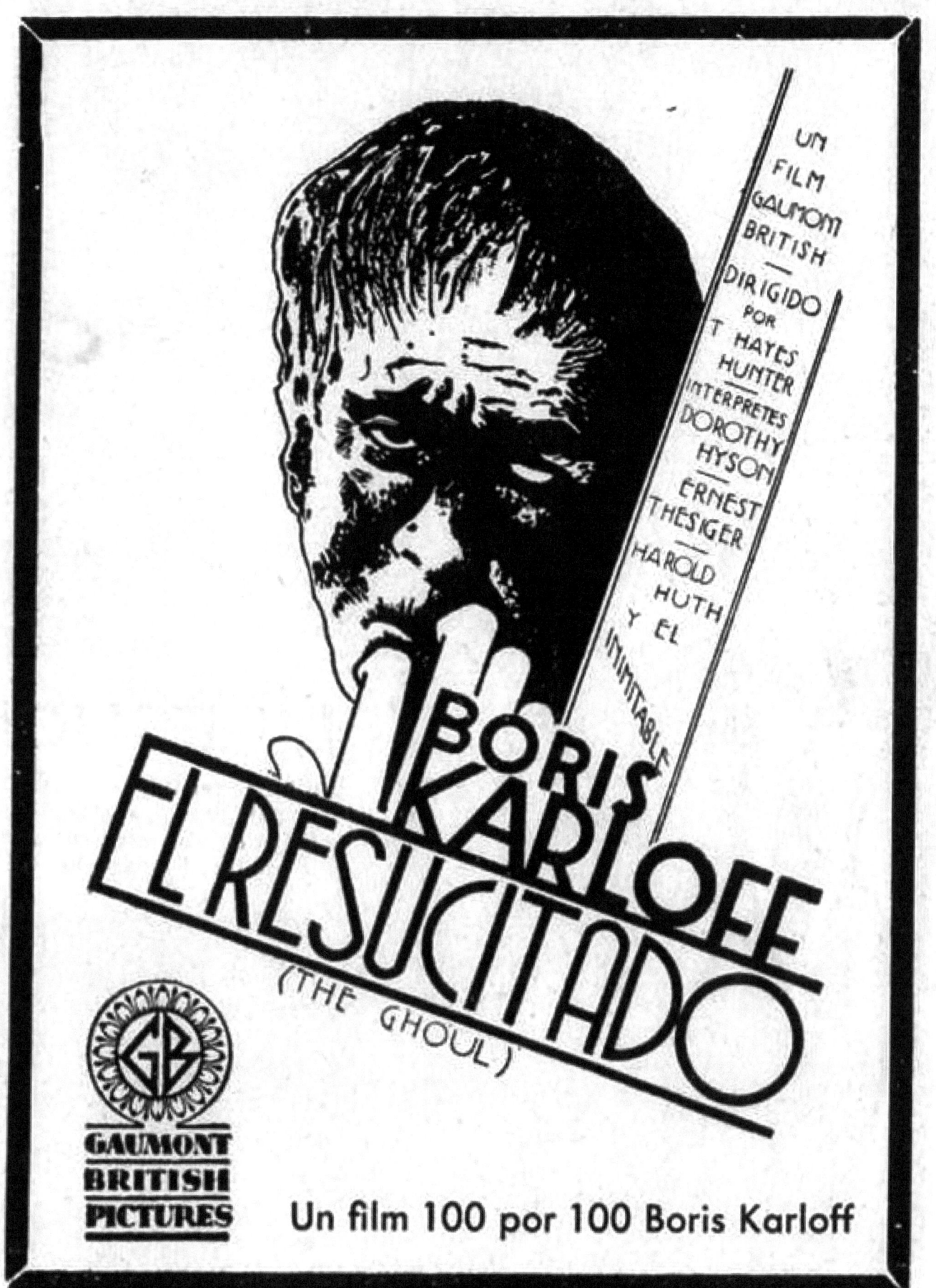

The Ghoul

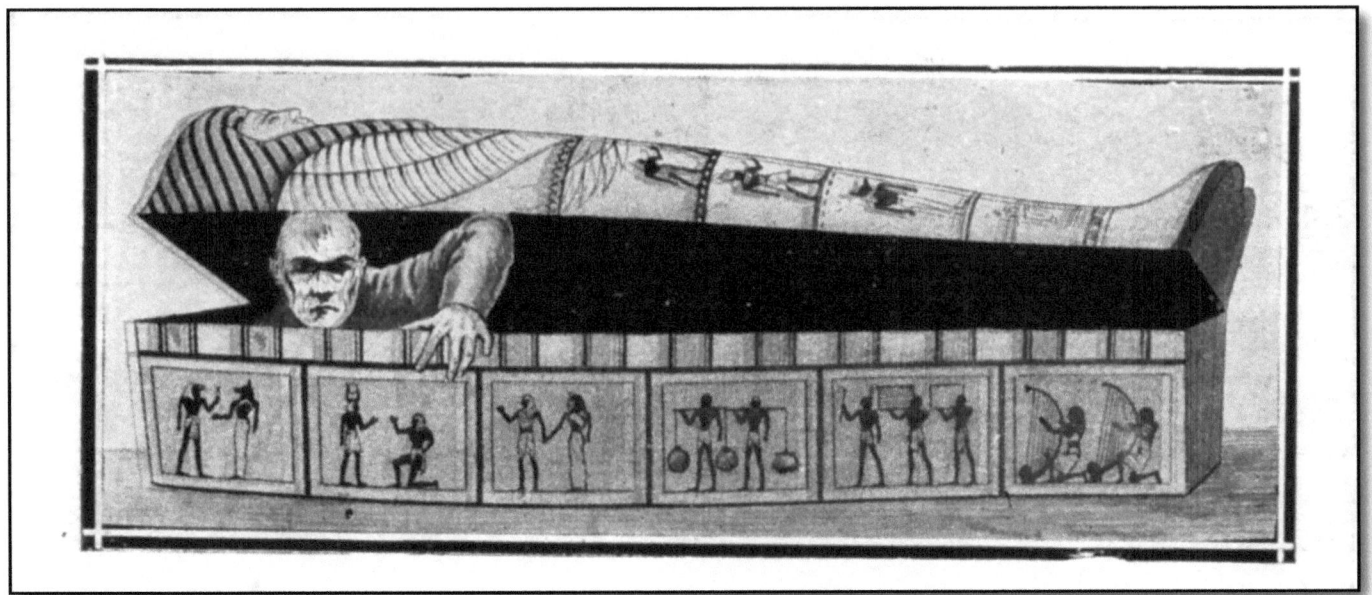

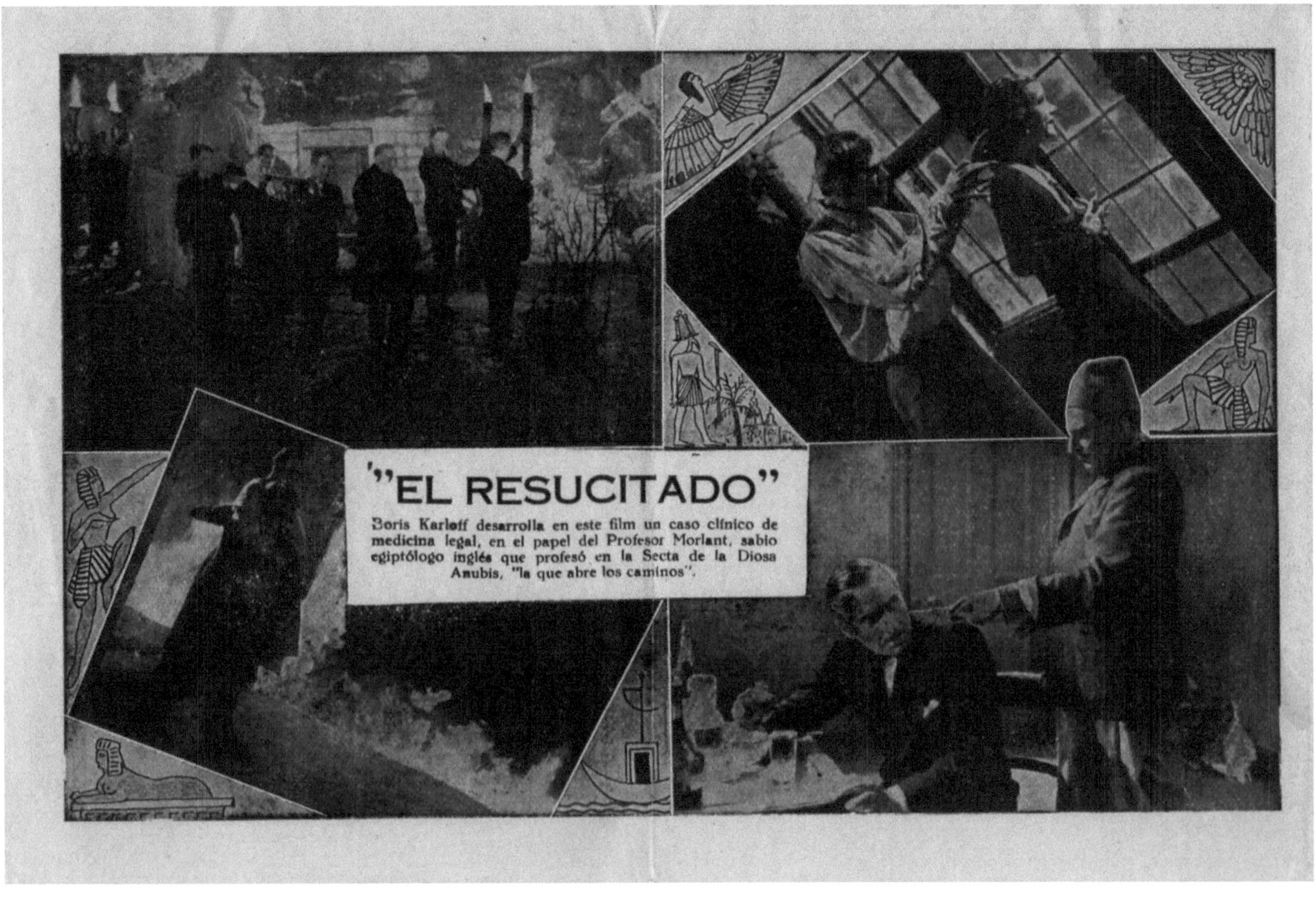
"EL RESUCITADO"
Boris Karloff desarrolla en este film un caso clínico de medicina legal, en el papel del Profesor Morlant, sabio egiptólogo inglés que profesó en la Secta de la Diosa Anubis, "la que abre los caminos".

UNIVERSAL PICTURES
CARLOS LAEMMLE presenta
LA MAS FANTASTICA
SENSACIÓN DE LA
PANTALLA
EL
HOMBRE
INVISIBLE
DE LA CELEBRE
NOVELA DE
H.G. WELLS
LA SUPER-SENSACIÓN UNIVERSAL
BOIX · ARTES GRAFICAS

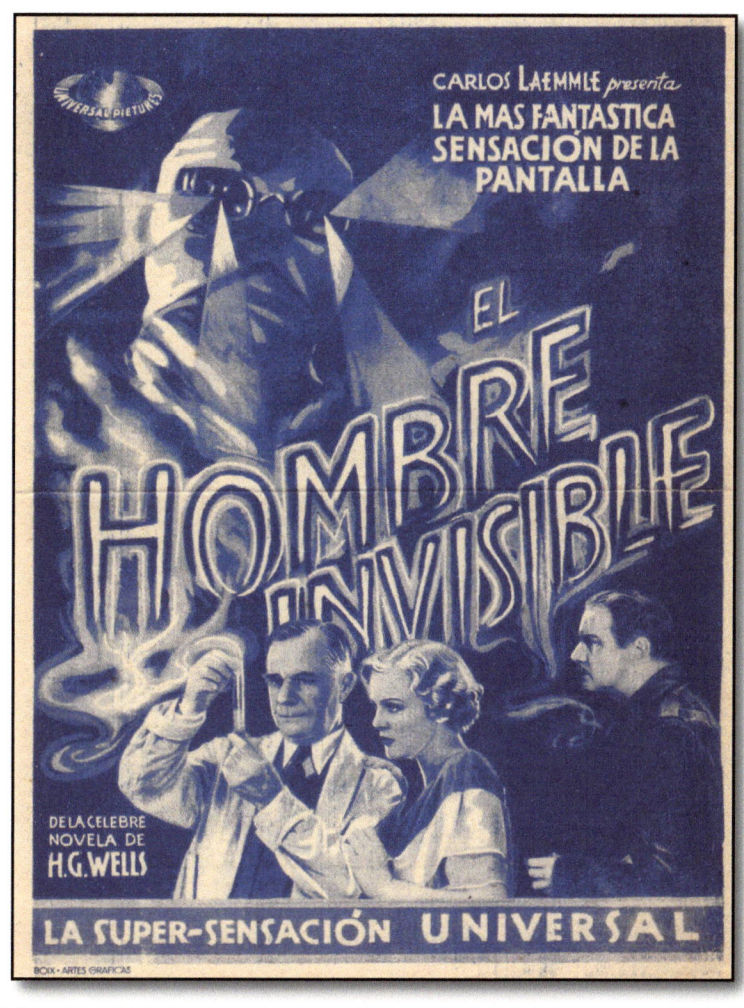

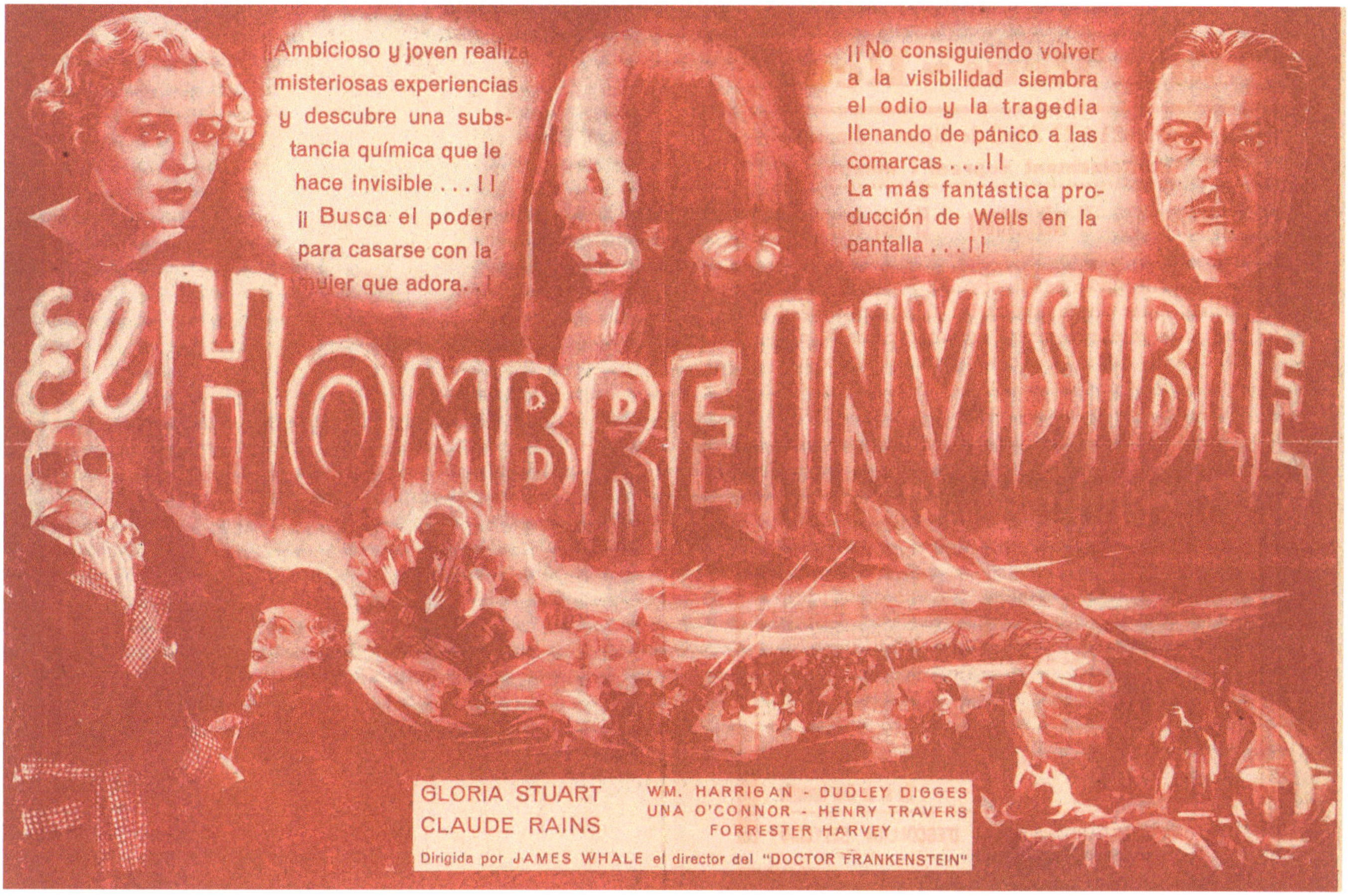
¡¡Ambicioso y joven realiza misteriosas experiencias y descubre una substancia química que le hace invisible . . . !!
¡¡ Busca el poder para casarse con la mujer que adora. . !
¡¡ No consiguiendo volver a la visibilidad siembra el odio y la tragedia llenando de pánico a las comarcas . . . ! !
La más fantástica producción de Wells en la pantalla . . . ! !
El HOMBRE INVISIBLE
GLORIA STUART
CLAUDE RAINS
WM. HARRIGAN - DUDLEY DIGGES
UNA O'CONNOR - HENRY TRAVERS
FORRESTER HARVEY
Dirigida por JAMES WHALE el director del "DOCTOR FRANKENSTEIN"

The Island of Lost Souls

Mystery of the Wax Museum

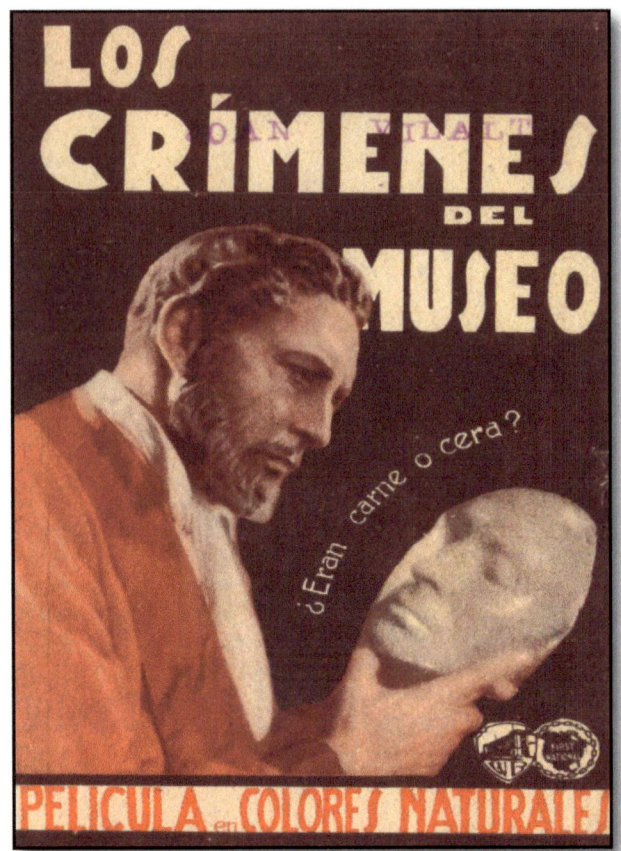

The Whispering Shadow

Carlos
LAEMMLE
PRESENTA A
KARLOFF y
BELA LUGOSI EN
Satanás
BASADA EN UNA OBRA DE EDGAR ALLAN POE
Pelicula Universal

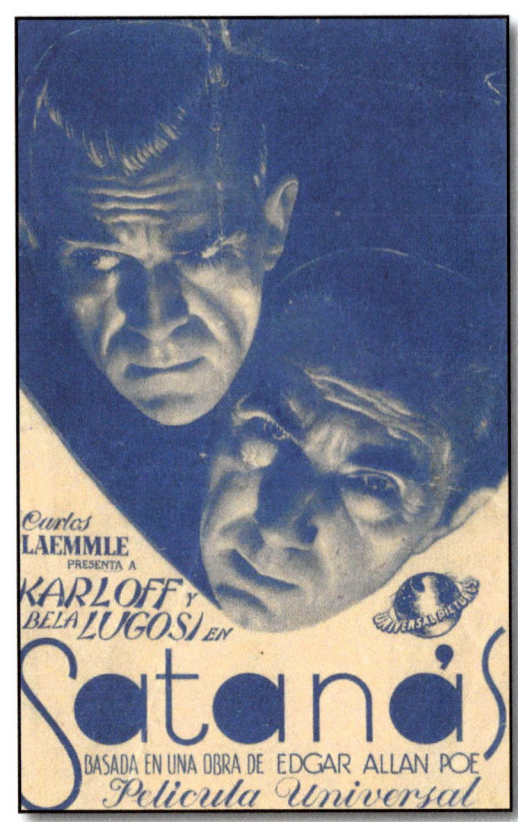

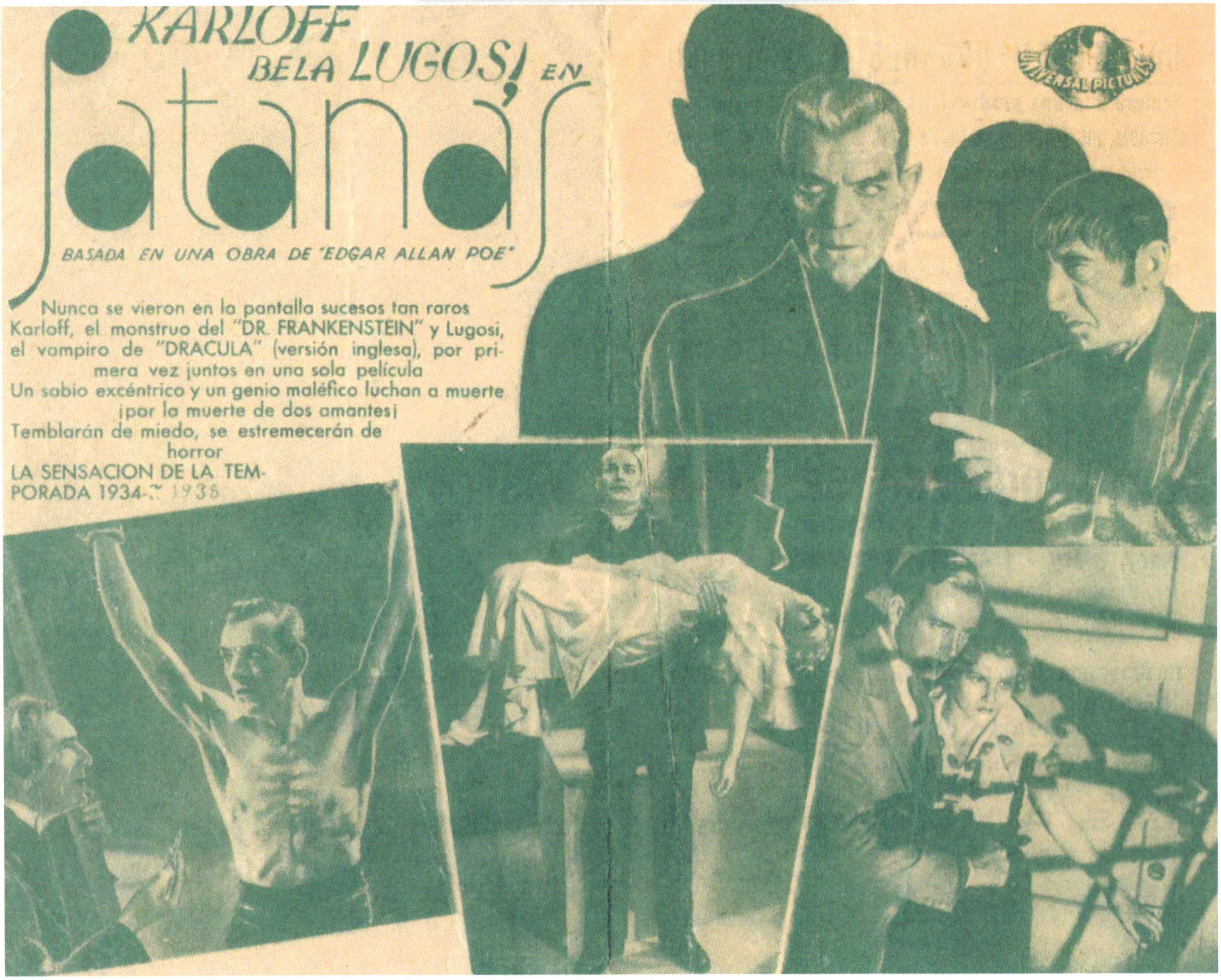
KARLOFF
BELA LUGOSI EN
Satanás
BASADA EN UNA OBRA DE "EDGAR ALLAN POE"
Nunca se vieron en la pantalla sucesos tan raros Karloff, el monstruo del "DR. FRANKENSTEIN" y Lugosi, el vampiro de "DRACULA" (versión inglesa), por primera vez juntos en una sola película
Un sabio excéntrico y un genio maléfico luchan a muerte ¡por la muerte de dos amantes!
Temblarán de miedo, se estremecerán de horror
LA SENSACION DE LA TEMPORADA 1934-35

FILMS ARTÍSTICA BARCELONESA
PRESENTA
Sombras Trágicas
¿VAMPIROS?
CON
LIONEL ATWILL-FAY WRAY
MELVYN DOUGLAS
DIRECCIÓN
FRANK STRAYER
PRODUCCIÓN
PHIL GOLDSTONE

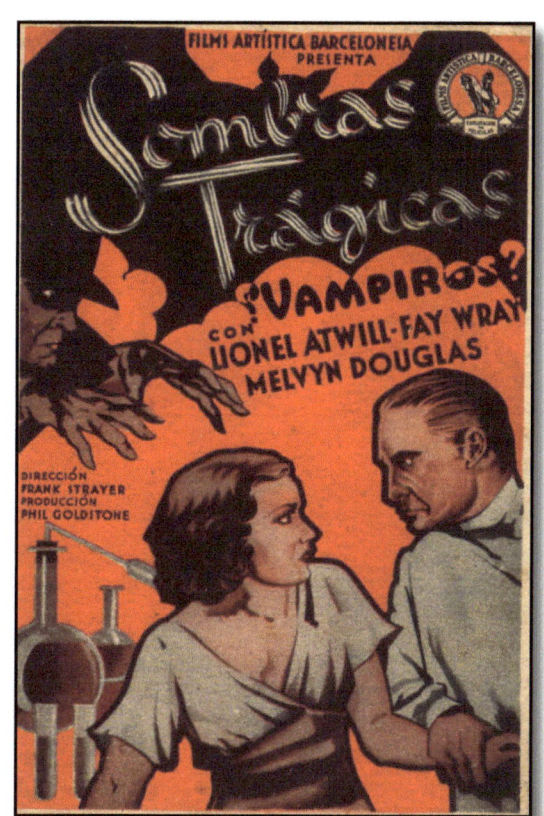

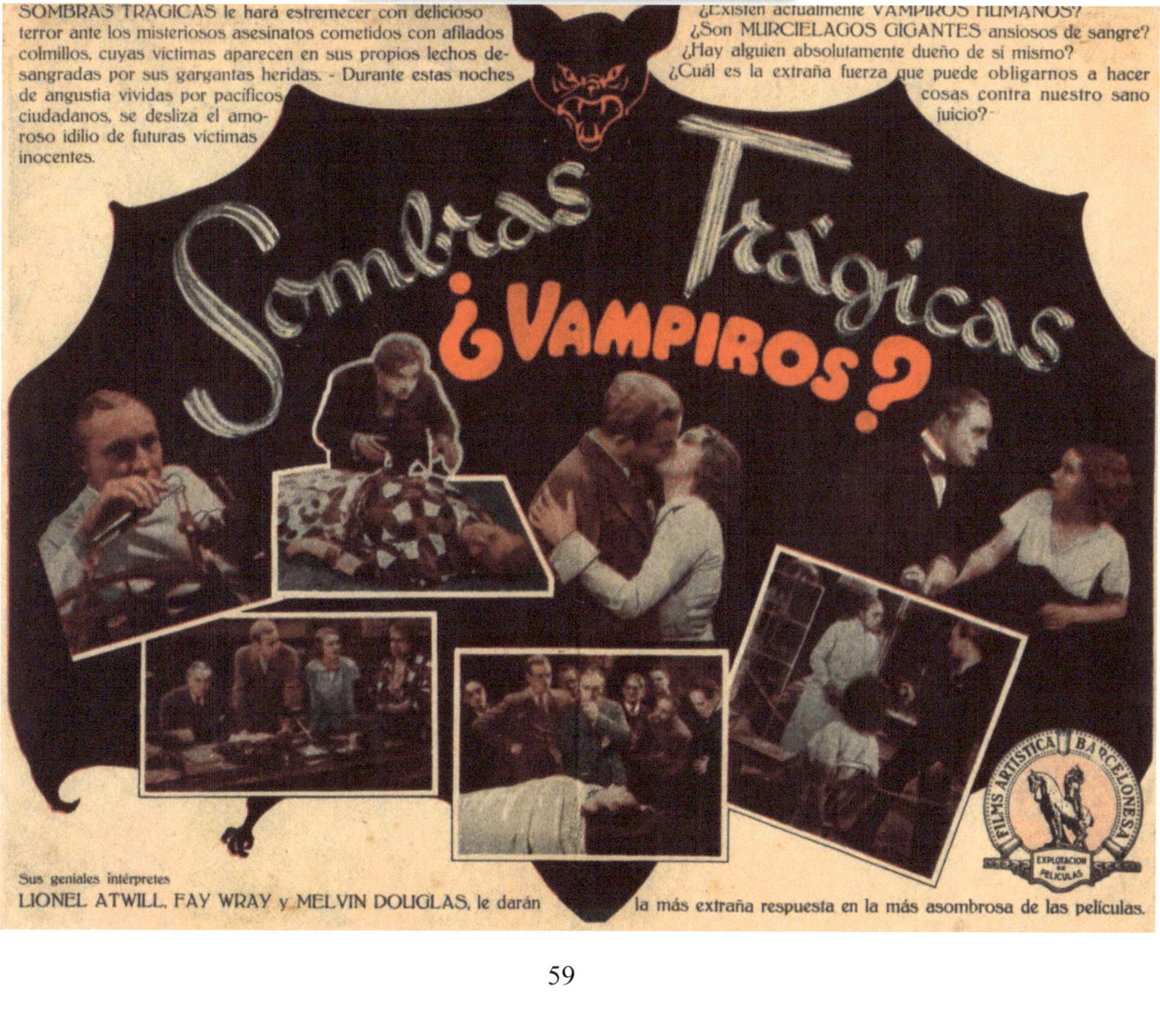
SOMBRAS TRÁGICAS le hará estremecer con delicioso terror ante los misteriosos asesinatos cometidos con afilados colmillos, cuyas víctimas aparecen en sus propios lechos desangradas por sus gargantas heridas. - Durante estas noches de angustia vividas por pacíficos ciudadanos, se desliza el amoroso idilio de futuras víctimas inocentes.
¿Existen actualmente VAMPIROS HUMANOS?
¿Son MURCIELAGOS GIGANTES ansiosos de sangre?
¿Hay alguien absolutamente dueño de sí mismo?
¿Cuál es la extraña fuerza que puede obligarnos a hacer cosas contra nuestro sano juicio?
Sombras Trágicas
¿VAMPIROS?
FILMS ARTÍSTICA BARCELONESA
EXPLOTACIÓN DE PELÍCULAS
Sus geniales intérpretes
LIONEL ATWILL, FAY WRAY y MELVIN DOUGLAS, le darán
la más extraña respuesta en la más asombrosa de las películas.

The Man Who Lost His Head

The Vanishing Shadow

Mad Love (The Hands of Orlac)

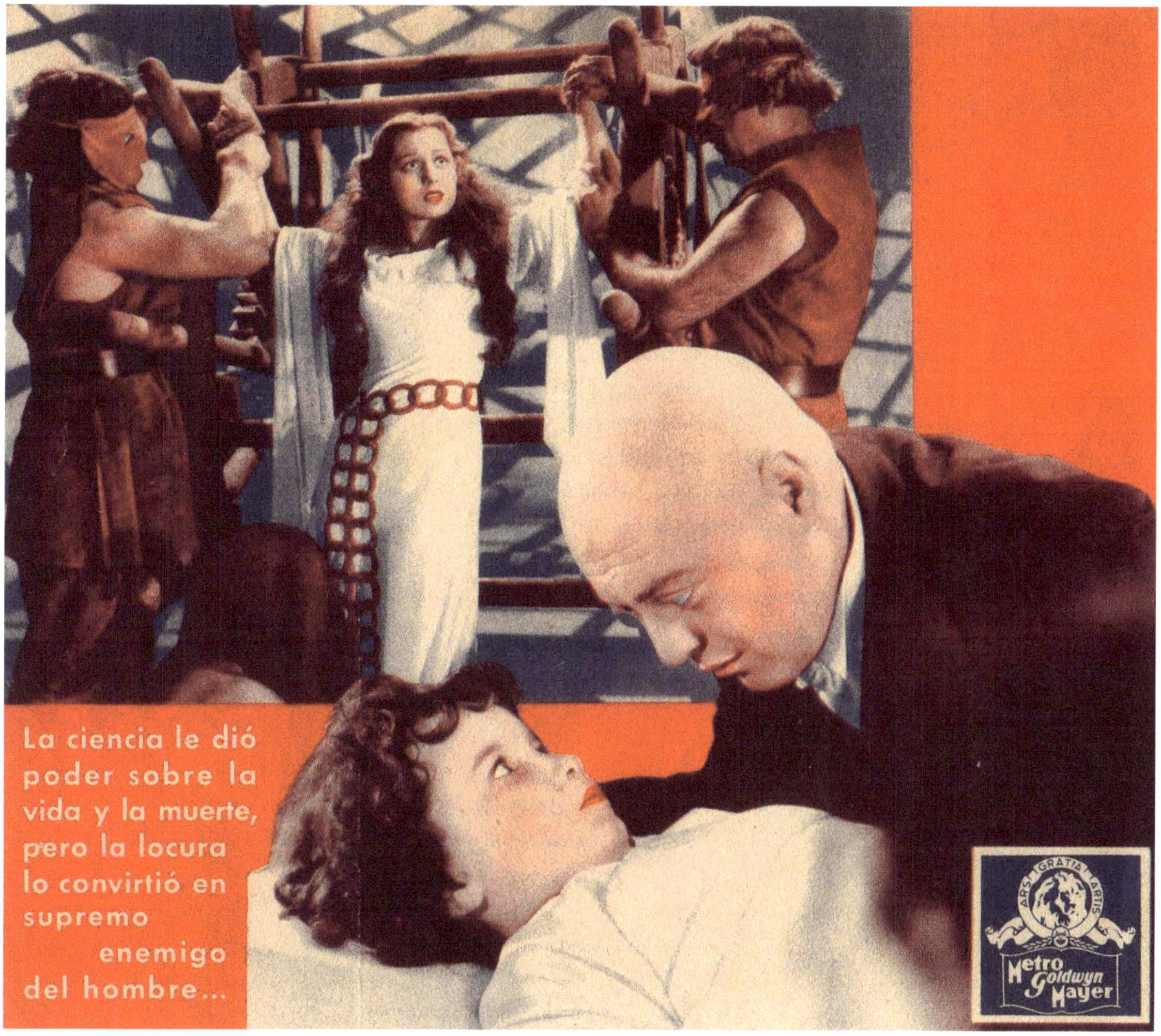

La ciencia le dió poder sobre la vida y la muerte, pero la locura lo convirtió en supremo enemigo del hombre...
ARS GRATIA ARTIS
Metro Goldwyn Mayer

PETER LORRE
EN
las manos de Orlac

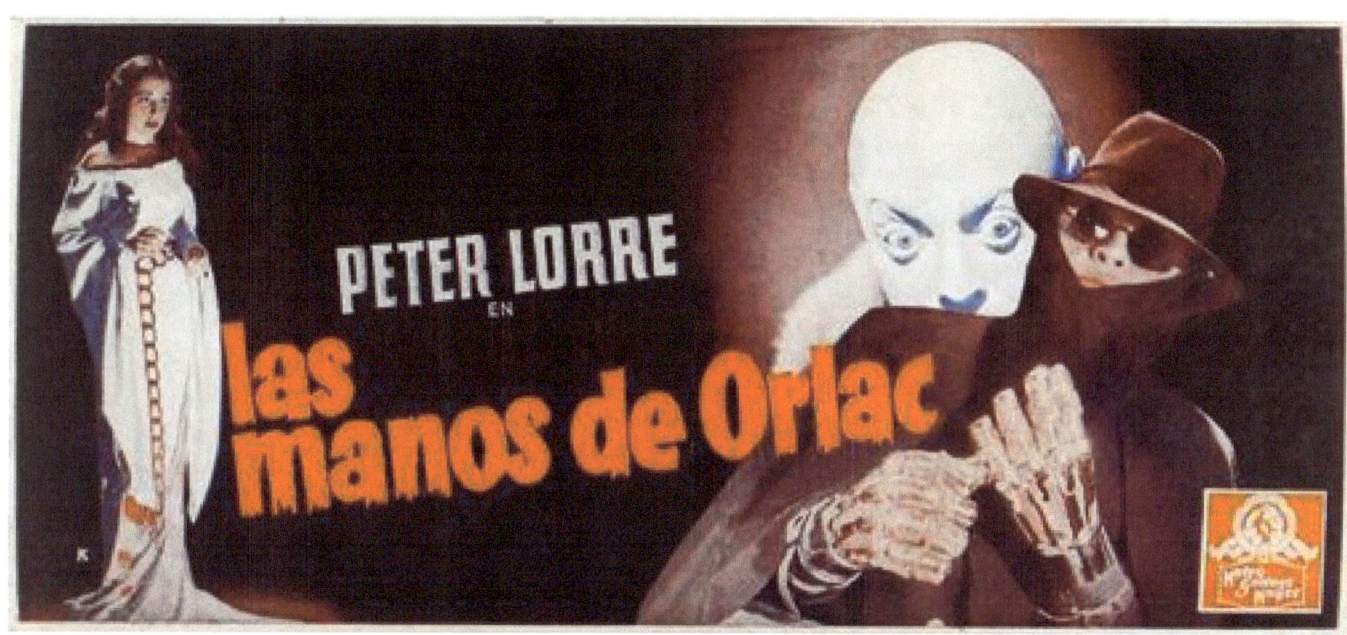

Mad Love Lobby Cards

—Ya sabes lo que has de hacer...

Mark of the Vampire - Herald & Lobby Cards

EL MISTERIO DE EDWIN DROOD
UNIVERSAL PICTURES
PELICULA UNIVERSAL

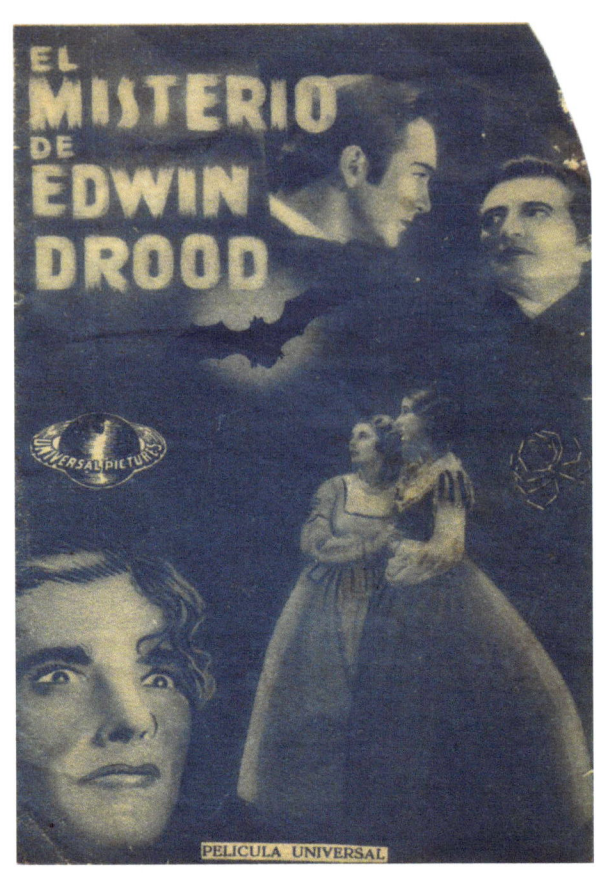

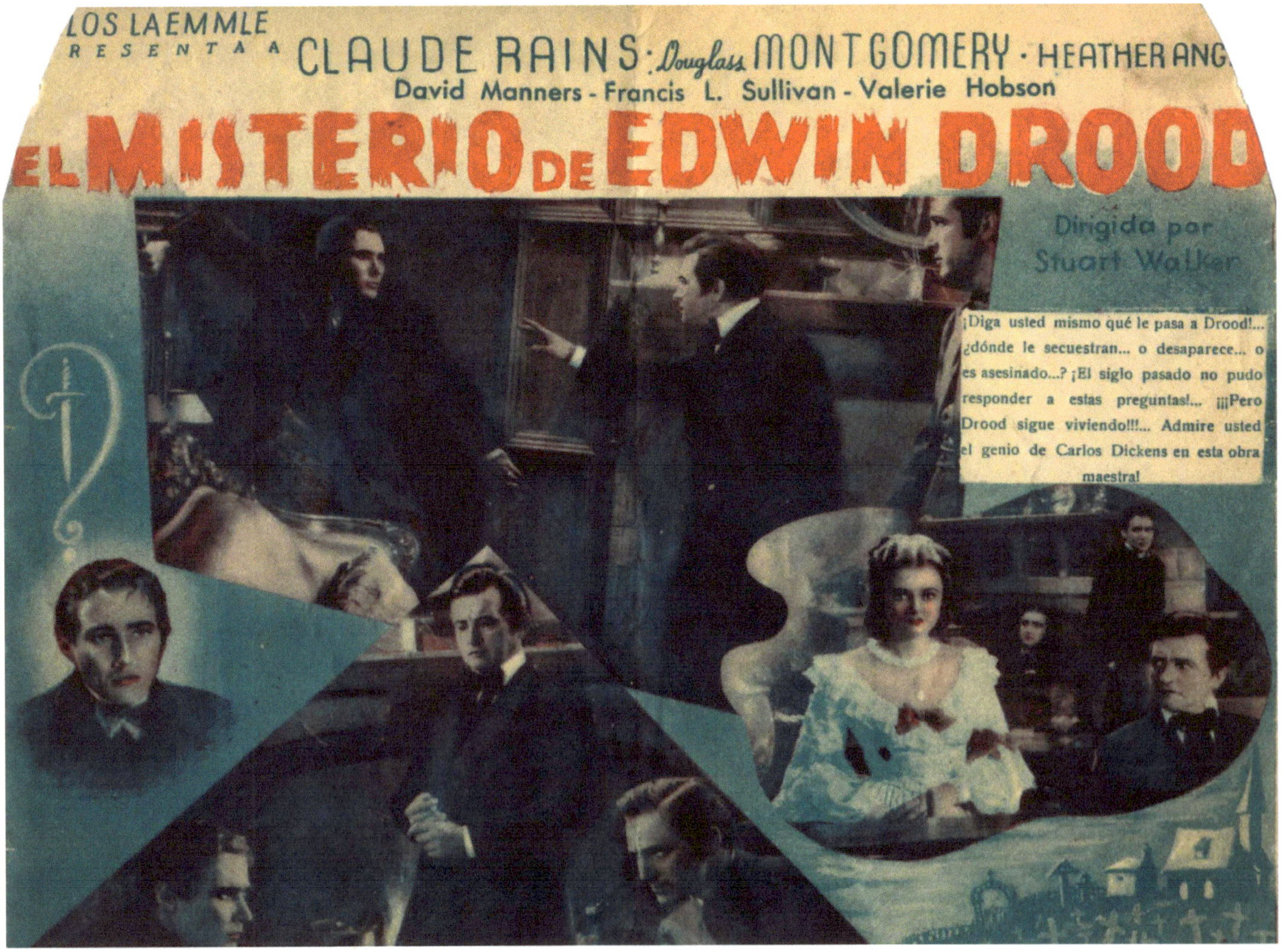
LOS LAEMMLE
RESENTA A
CLAUDE RAINS · Douglass MONTGOMERY · HEATHER ANG
David Manners - Francis L. Sullivan - Valerie Hobson
EL MISTERIO DE EDWIN DROOD
Dirigida por
Stuart Walker
¡Diga usted mismo qué le pasa a Drood!... ¿dónde le secuestran... o desaparece... o es asesinado...? ¡El siglo pasado no pudo responder a estas preguntas!... ¡¡¡Pero Drood sigue viviendo!!!... Admire usted el genio de Carlos Dickens en esta obra maestra!

She

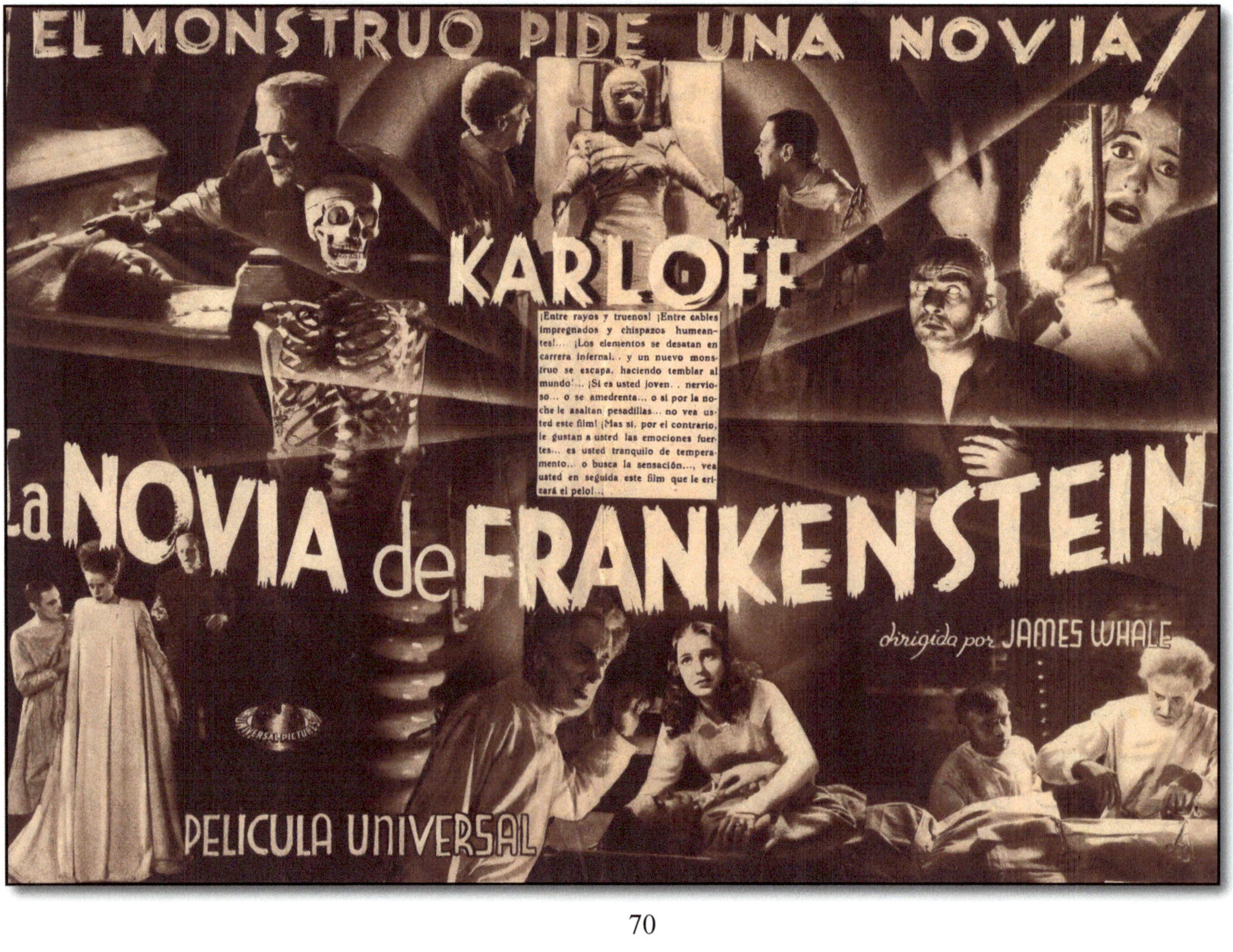

"La Novia de Frankenstein"
Aquellos que temblaron... Aquellos que desfallecieron al ver a Frankenstein, sentirán la fascinación terrible de esta portentosa creación !!!!
Cierre sus puertas!! Asegure sus ventanas!! El monstruo se ha perdido nuevamente y reclama su novia!!
Su fuerza equivalía a la de una docena de hombres y cuando amaba era el demonio encarnado!! ¿Quién sería su novia? ¿Qué corazón, qué alma, que carne se atrevería a serlo?
Vuelve Frankenstein!! El tétrico Karloff en su más monstruosa creación que asombra y emociona!!
Dos horas que llenarán su vida de las más angustiosas, de las más desesperantes emociones!! Vea
"La Novia de Frankenstein"
Algo inconsevible! Algo grandioso!
TEATRO FAENZA
MIERCOLES 4 DE SEPTIEMBRE
ESTRENO!
Who will be "The BRIDE of FRANKENSTEIN"
WHO will DARE?

THE MONSTER DEMANDS A MATE!
Amid Lightning and Thunder—Amid Sizzling Wires and Smoking Sparks—While the Elements Burst Into A Frenzy of Wildest Bedlam—A New Monster is Let Loose Upon A Trembling World!
THE SUPER-SHOCKER of THE 20th CENTURY!
CARL LAEMMLE presents
KARLOFF
with COLIN CLIVE, VALERIE HOBSON, ELSA LANCHESTER, Una O'Connor, Ernest Thesiger, E. E. Clive. Screenplay by William Hurlbut and John Balderston
produced by CARL LAEMMLE, JR.
The BRIDE of FRANKENSTEIN
...a man monster ...a lady monster ...a monster T-H-R-I-L-L-E-R!
Warning!
NOT for the Young the Nervous the Scarey! If You Get Nightmares and Tantrums Stay Away! But If You Can Enjoy Thrills, Chills and Spine Tingling Sensations While Your Hair Stands On End ... See This Picture
directed by JAMES WHALE
A UNIVERSAL PICTURE

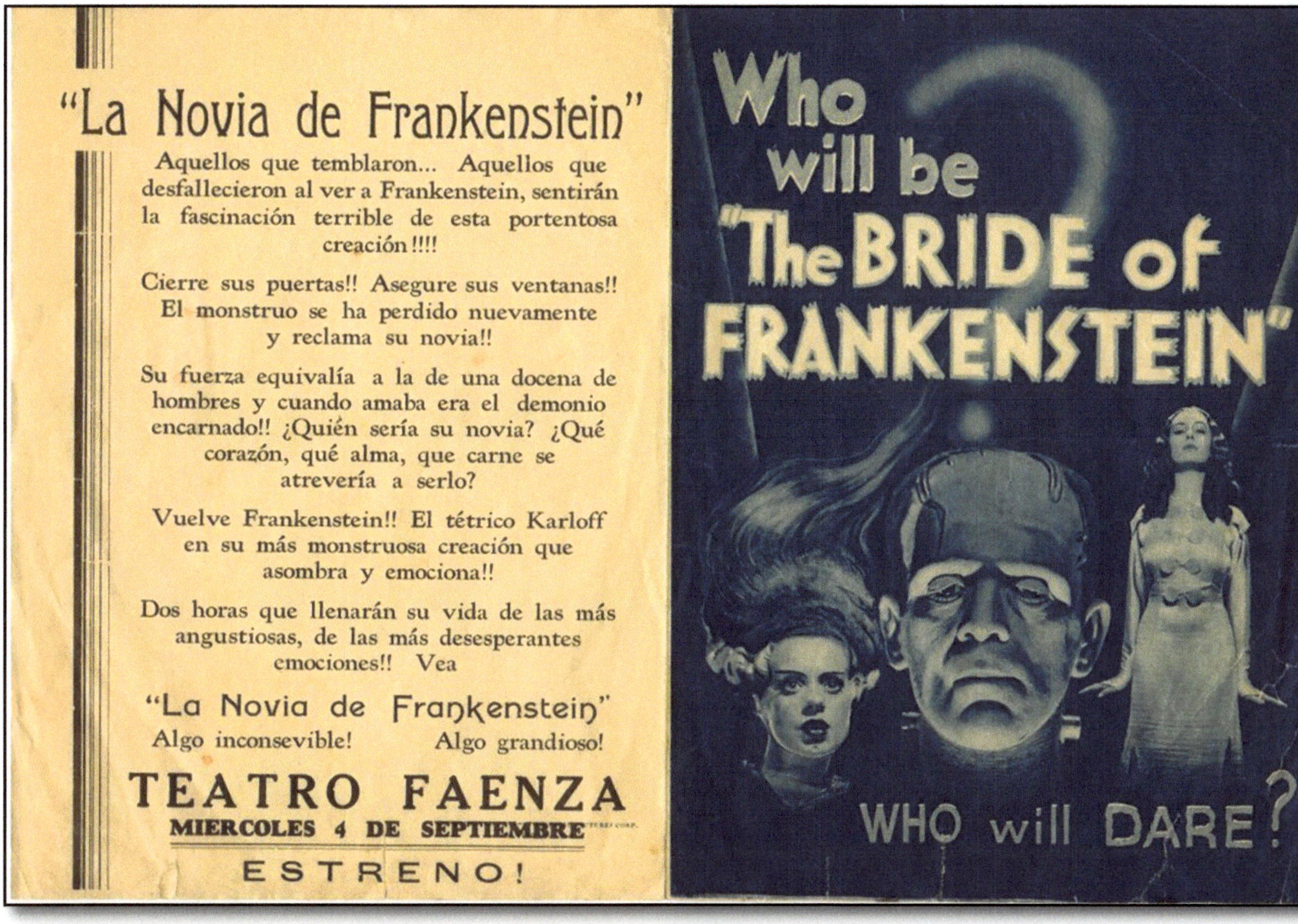

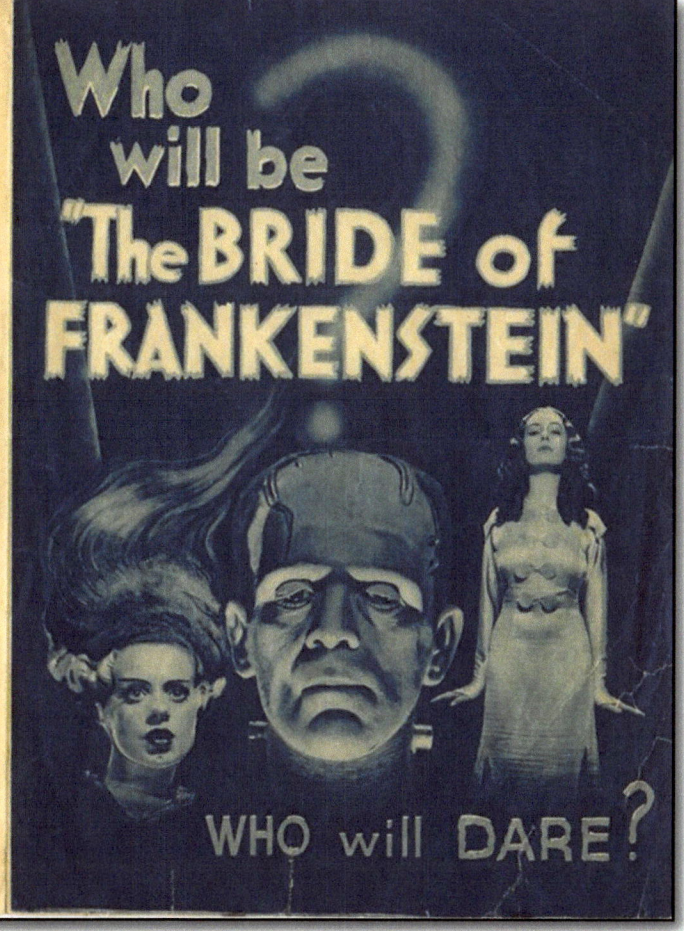

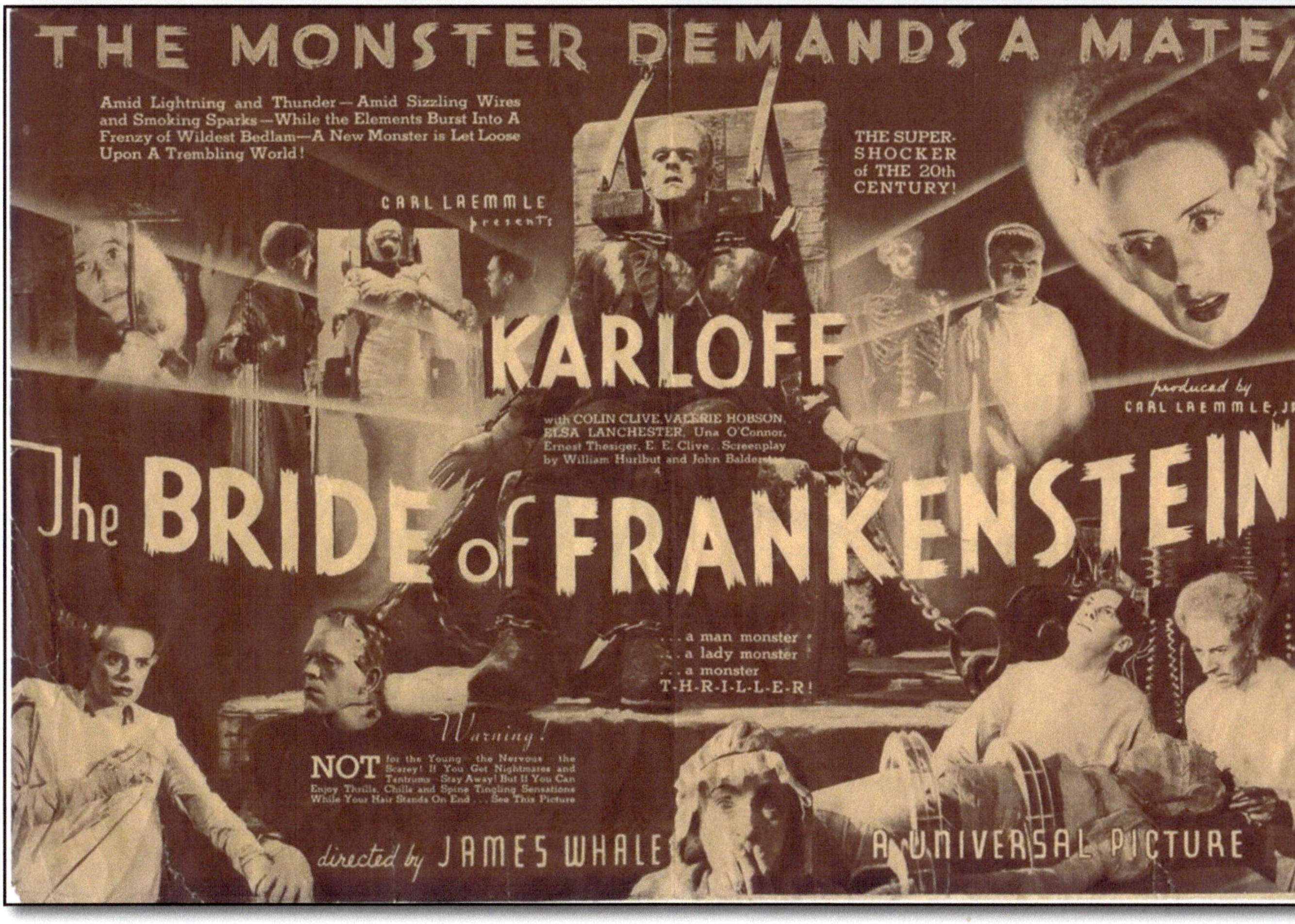

The Raven

El maestro en el maquillaje
KARLOFF
EL CUERVO
EDGAR ALLAN POE
BELA
LUGOSI
Pelicula
Universal

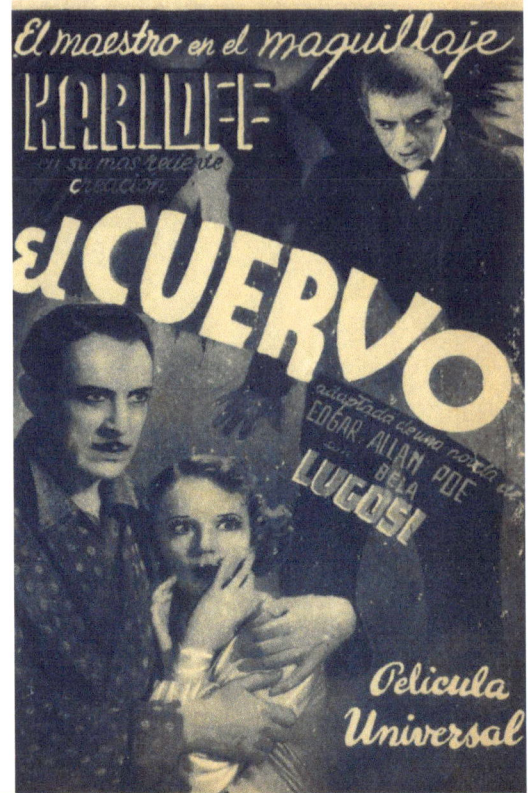

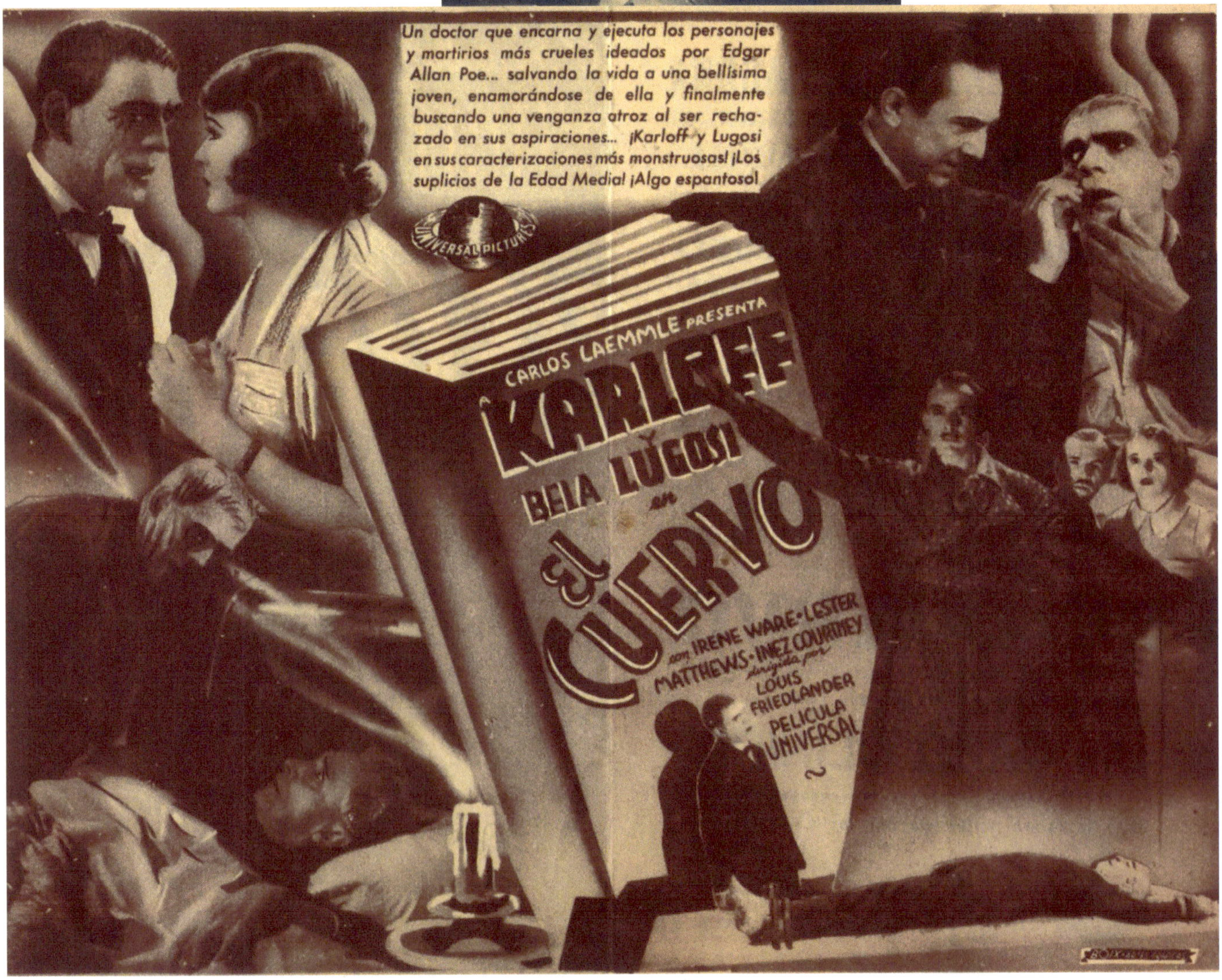
Un doctor que encarna y ejecuta los personajes y martirios más crueles ideados por Edgar Allan Poe... salvando la vida a una bellísima joven, enamorándose de ella y finalmente buscando una venganza atroz al ser rechazado en sus aspiraciones... ¡Karloff y Lugosi en sus caracterizaciones más monstruosas! ¡Los suplicios de la Edad Media! ¡Algo espantoso!
UNIVERSAL PICTURES
CARLOS LAEMMLE PRESENTA
KARLOFF
Y
BELA LUGOSI
en
EL CUERVO
con IRENE WARE · LESTER MATTHEWS · INEZ COURTNEY
dirigida por LOUIS FRIEDLANDER
PELICULA UNIVERSAL

¡ATENCION!
VIENE
EL
LOBO HUMANO

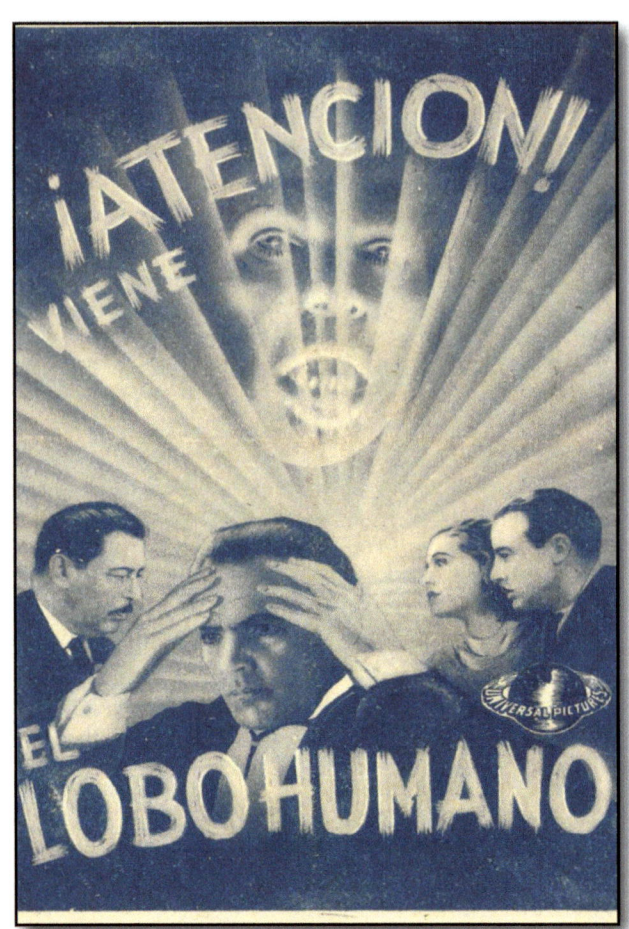

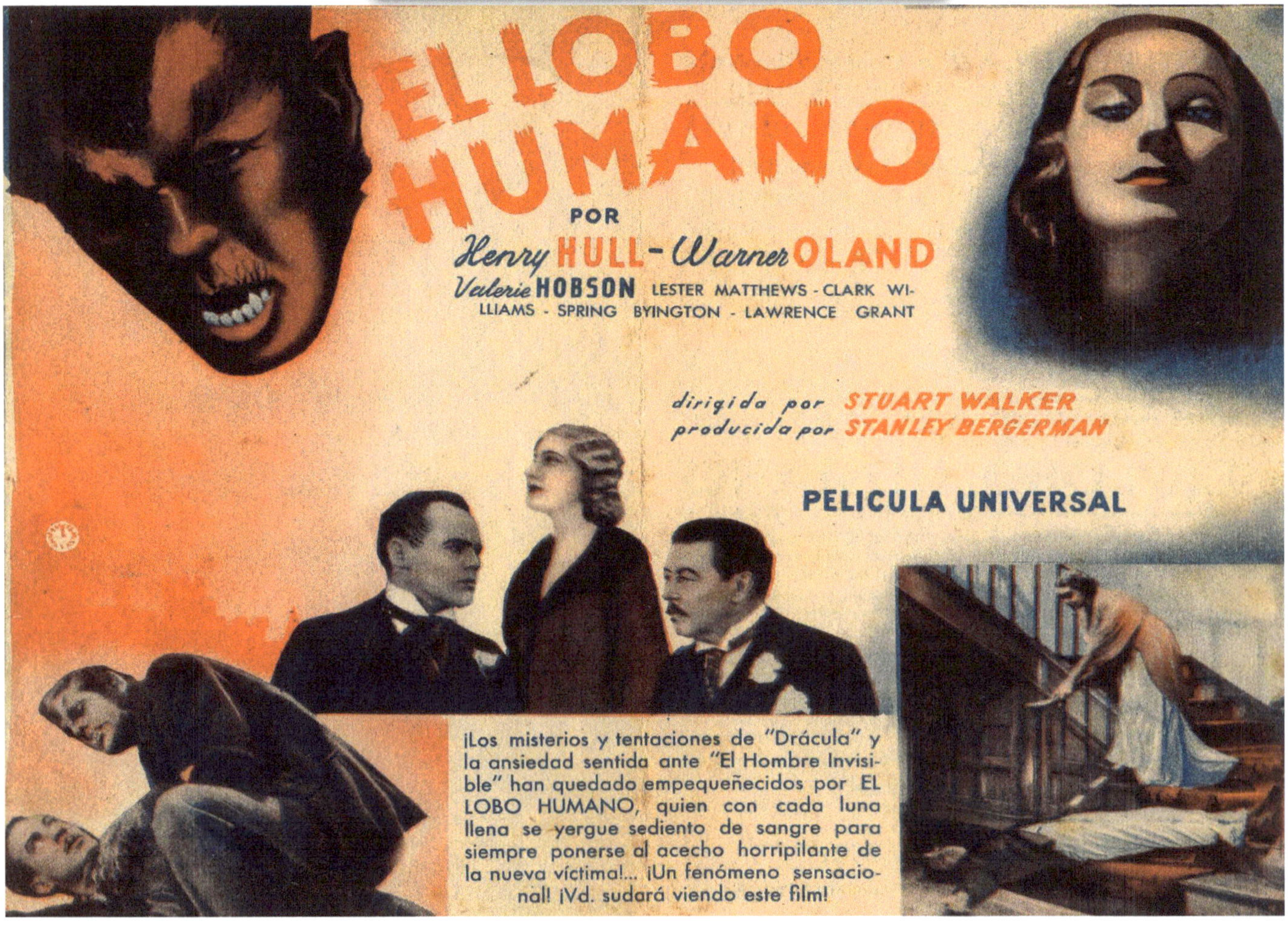
EL LOBO HUMANO
POR
Henry HULL - Warner OLAND
Valerie HOBSON LESTER MATTHEWS - CLARK WILLIAMS - SPRING BYINGTON - LAWRENCE GRANT
dirigida por STUART WALKER
producida por STANLEY BERGERMAN
PELICULA UNIVERSAL
¡Los misterios y tentaciones de "Drácula" y la ansiedad sentida ante "El Hombre Invisible" han quedado empequeñecidos por EL LOBO HUMANO, quien con cada luna llena se yergue sediento de sangre para siempre ponerse al acecho horripilante de la nueva víctima!... ¡Un fenómeno sensacional! ¡Vd. sudará viendo este film!

The Clairvoyant

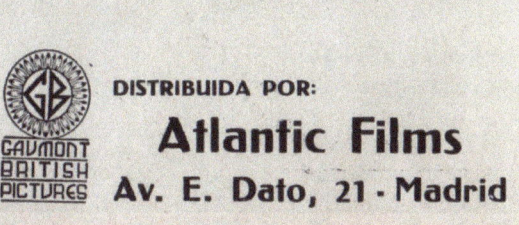

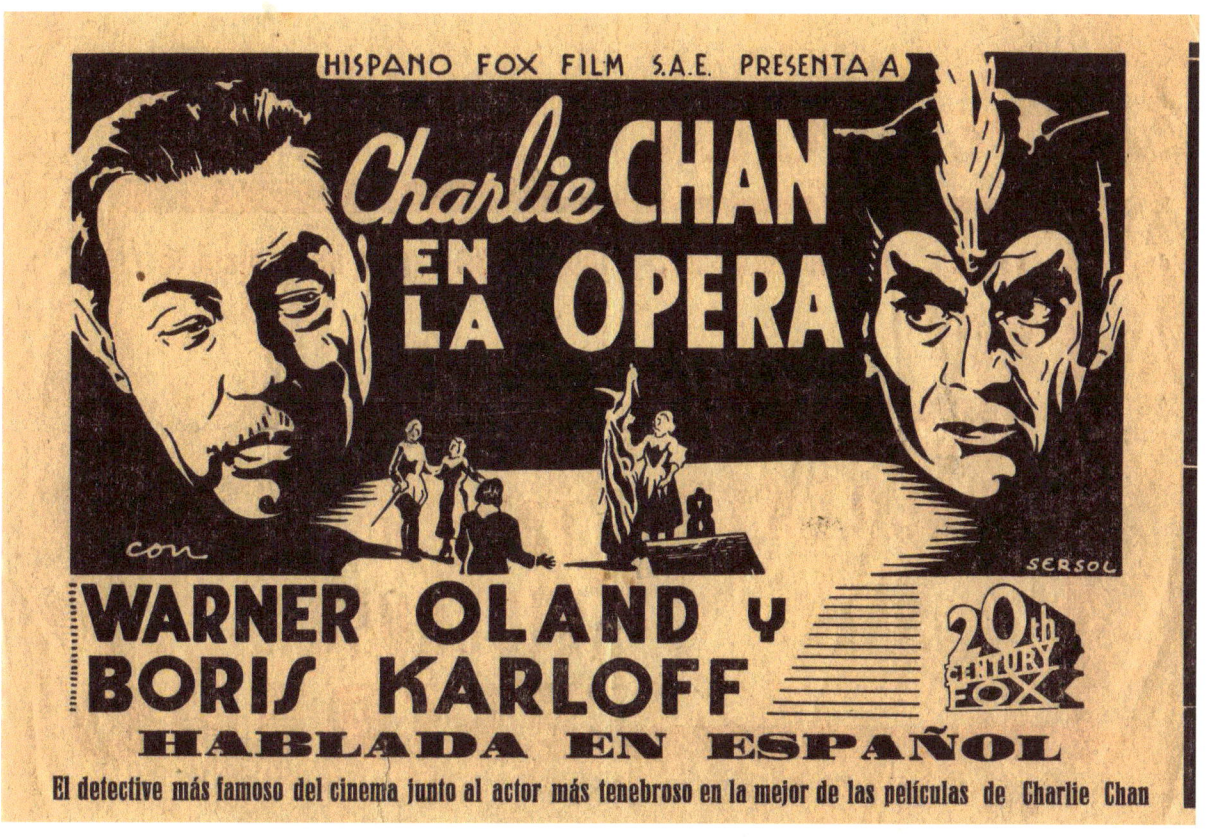

The Man Changed His Mind

HISPANO AMERICAN FILMS S.A.
presenta
LA HIJA
DE
DRACULA
con
otto KRUGER - gloria HOLDEN
marguerite CHURCHILL
y edward VAN SLOAN

No deje Vd. de ver esta sensacional pelicula; temblarà de miedo y se estremecerà de horror.

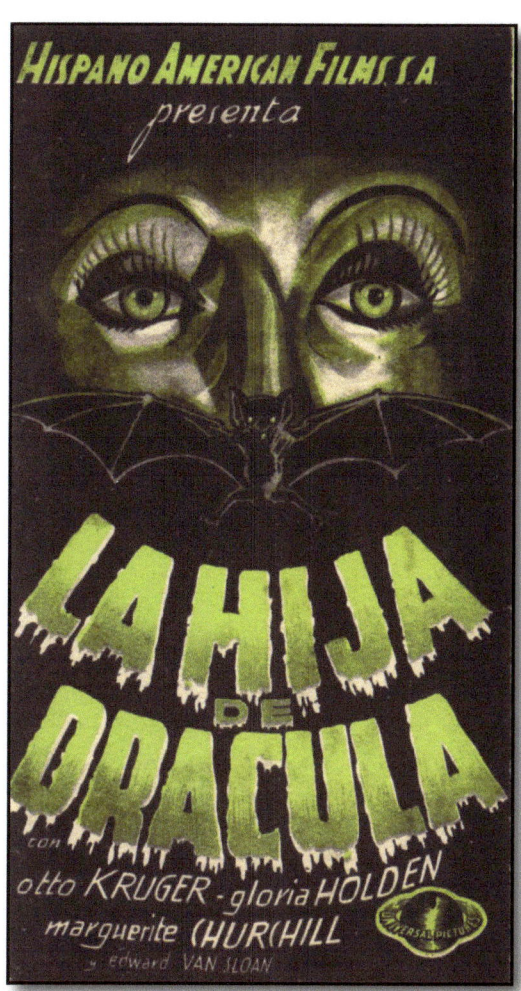

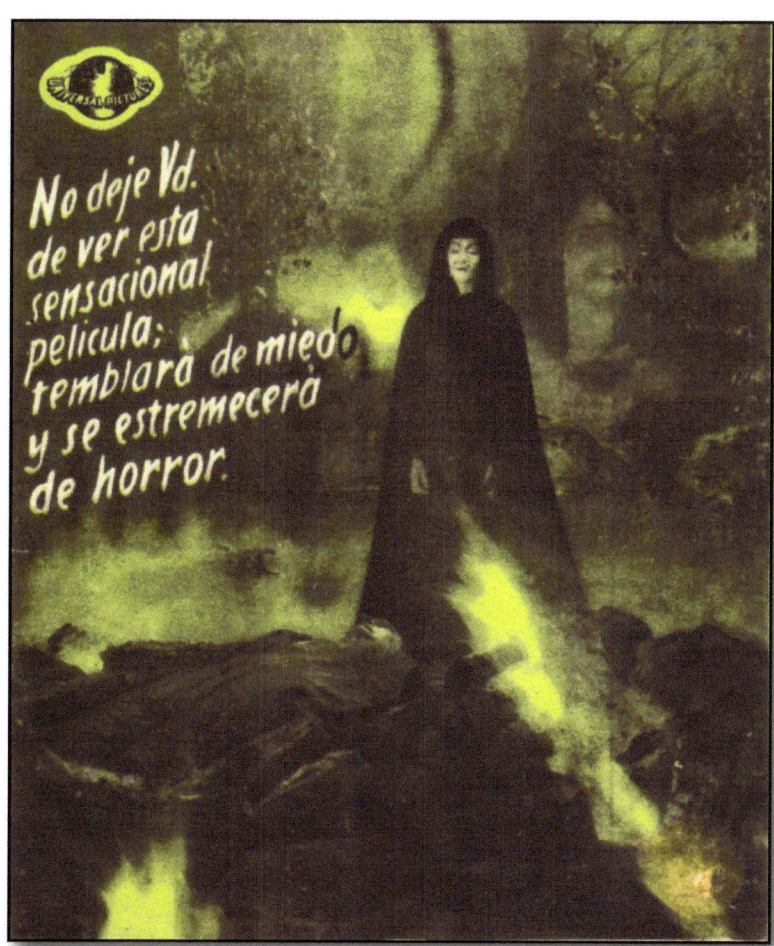

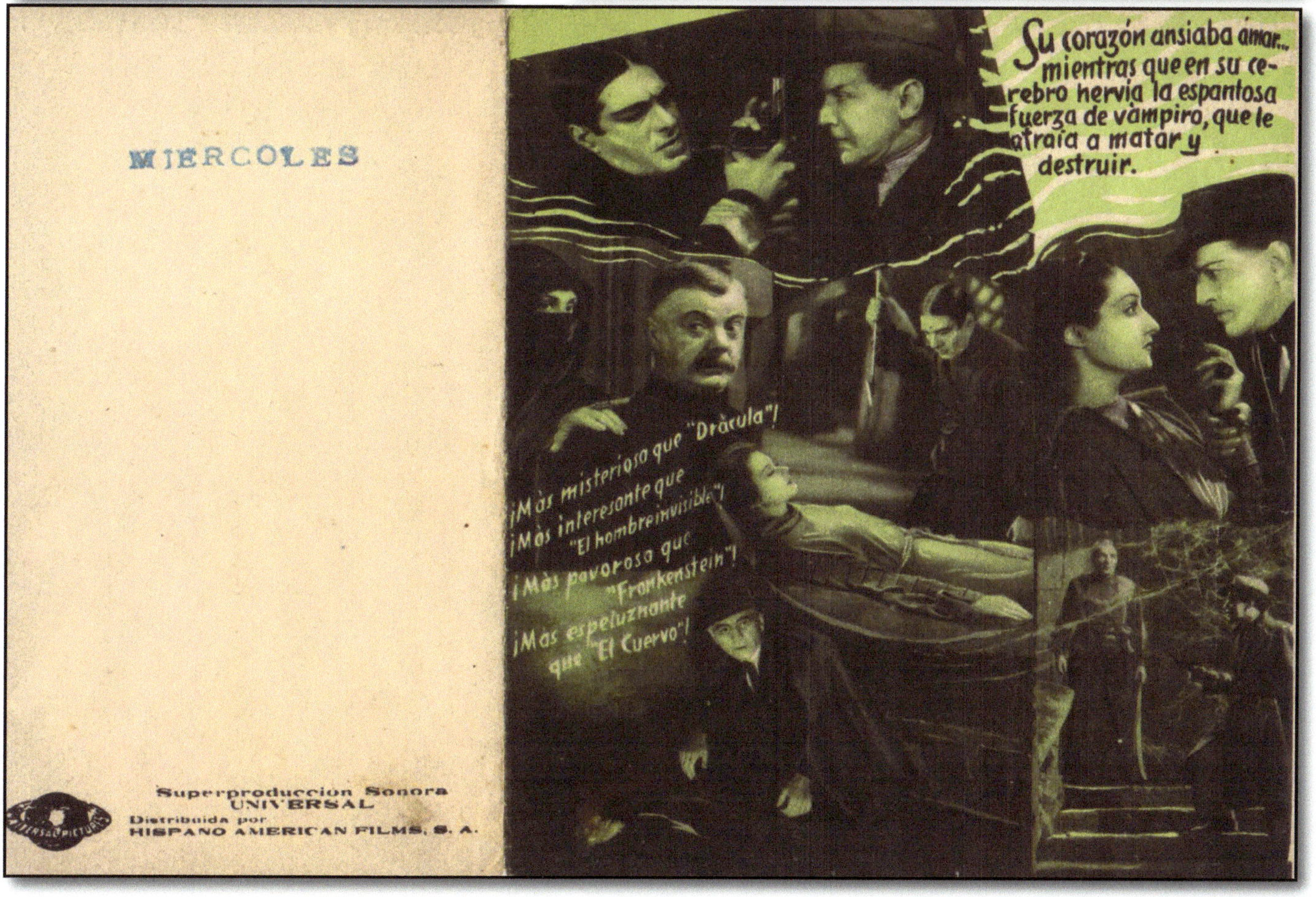

MIERCOLES
Superproduccion Sonora
UNIVERSAL
Distribuida por
HISPANO AMERICAN FILMS, S. A.
Su corazón ansiaba amar... mientras que en su cerebro hervia la espantosa fuerza de vàmpiro, que le atraía a matar y destruir.
¡Màs misterioso que "Dràcula"!
¡Màs interesante que "El hombre invisible"!
¡Màs pavorosa que "Frankenstein"!
¡Màs espeluznante que "El Cuervo"!

Devil Doll

LIONEL
BARRYMORE
MAUREEN
O'SULLIVAN
FRANK
LAWTON
Director:
TOD BROWNING
Un Film
METRO-GOLDWYN-MAYER
Muñecos Infernales

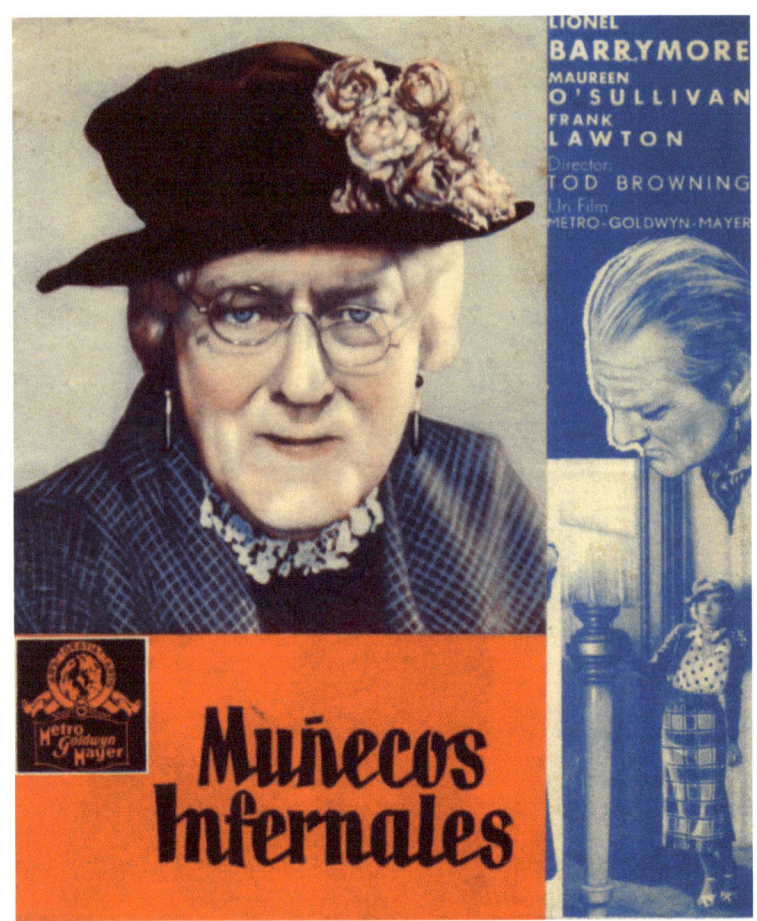

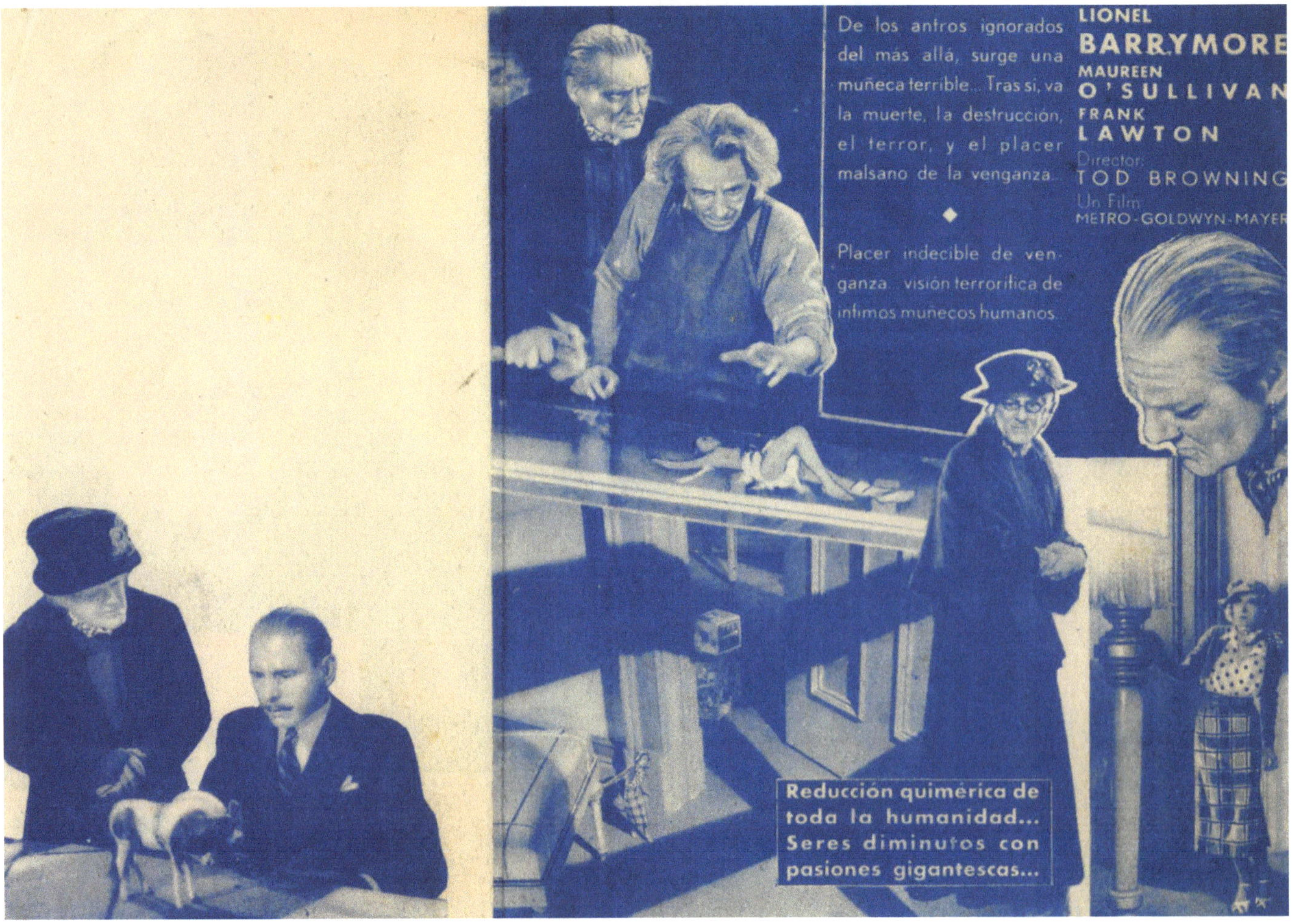
De los antros ignorados del más allá, surge una muñeca terrible... Tras si, va la muerte, la destrucción, el terror, y el placer malsano de la venganza...
Placer indecible de venganza... visión terrorífica de ínfimos muñecos humanos.
LIONEL
BARRYMORE
MAUREEN
O'SULLIVAN
FRANK
LAWTON
Director:
TOD BROWNING
Un Film
METRO-GOLDWYN-MAYER
Reducción quimérica de toda la humanidad... Seres diminutos con pasiones gigantescas...

PUBLICACIONES Cinema
50 CENTIMOS
Boris Karloff
Bela Lugosi
Francis Drake
en
el poder invisible

HISPANO AMERICAN FILMS S.A. presenta a
BORIS
KARLOFF
EN
EL PODER INVISIBLE
BELA LUGOSI
FRANCES DRAKE
FRANK LAWTON

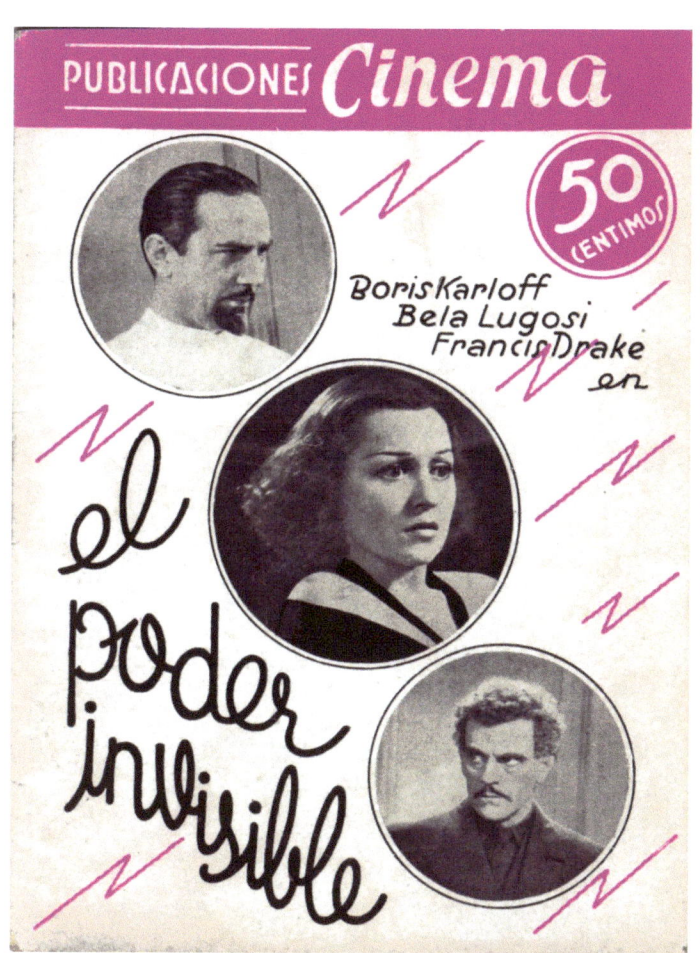

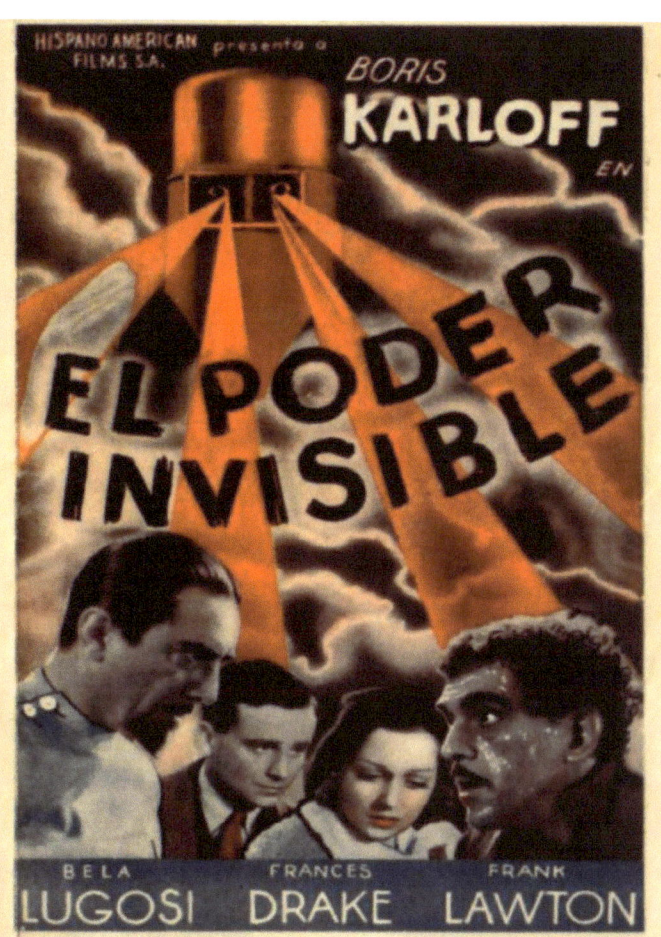

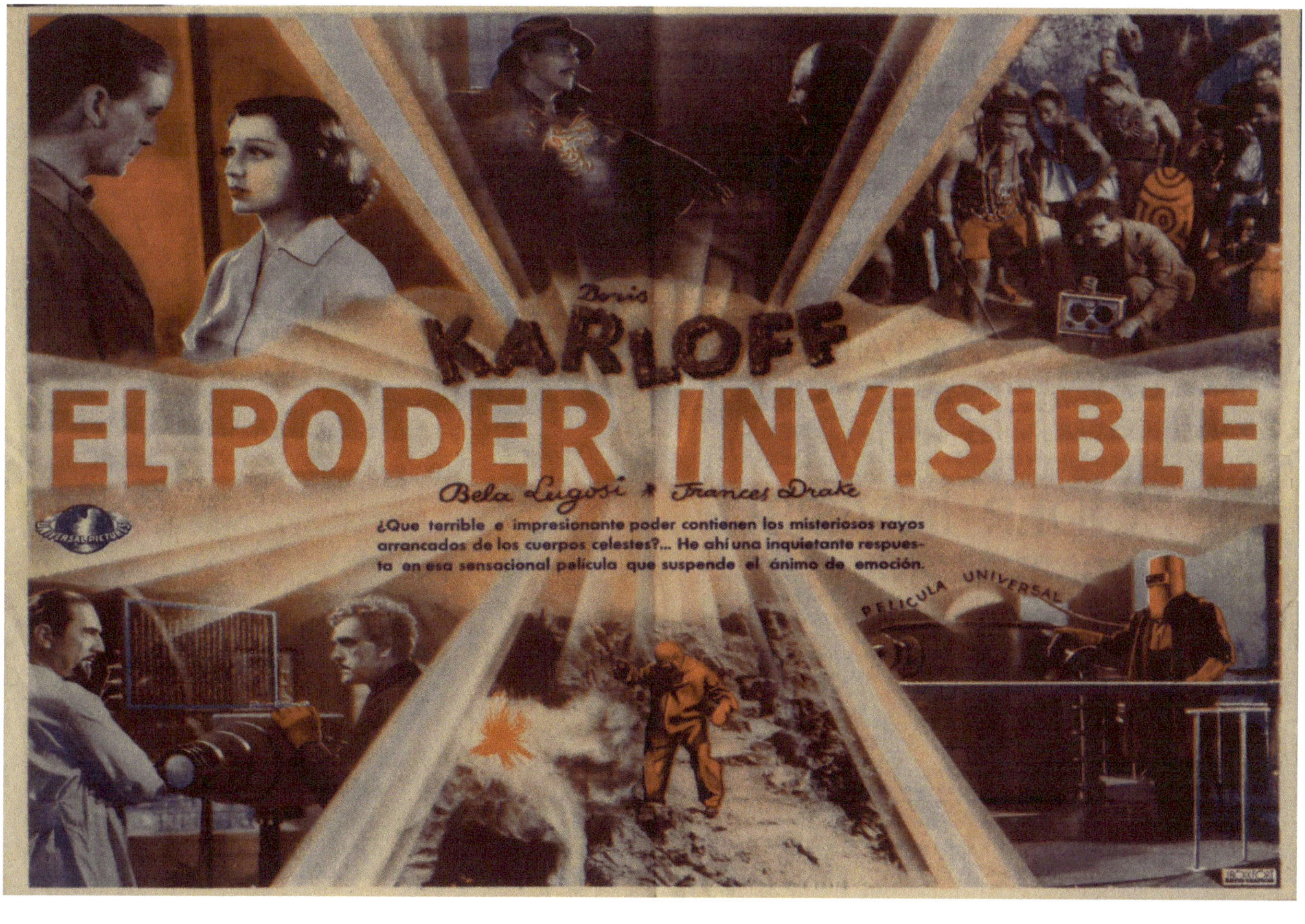
Boris
KARLOFF
EL PODER INVISIBLE
Bela Lugosi * Frances Drake
¿Que terrible e impresionante poder contienen los misteriosos rayos arrancados de los cuerpos celestes?... He ahí una inquietante respuesta en esa sensacional película que suspende el ánimo de emoción.
PELICULA UNIVERSAL

(Preceeding page) The Invisible Ray

(This page) The Phantom Empire

Shadows of Chinatown

The Walking Dead

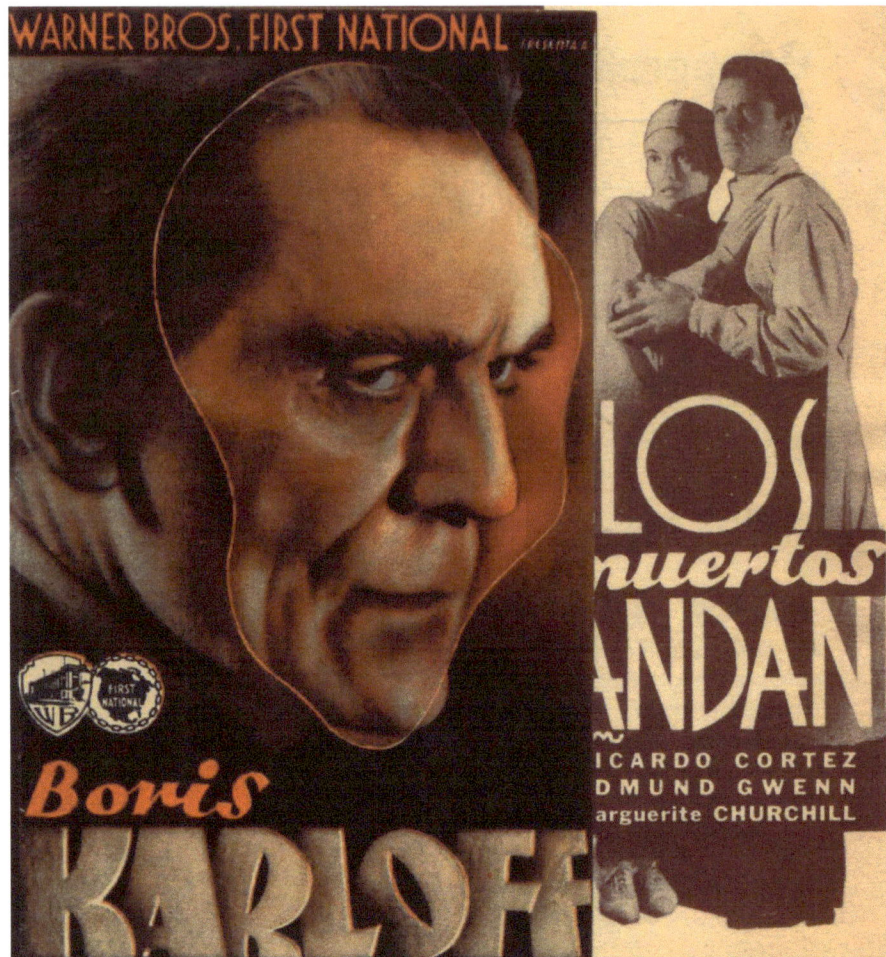

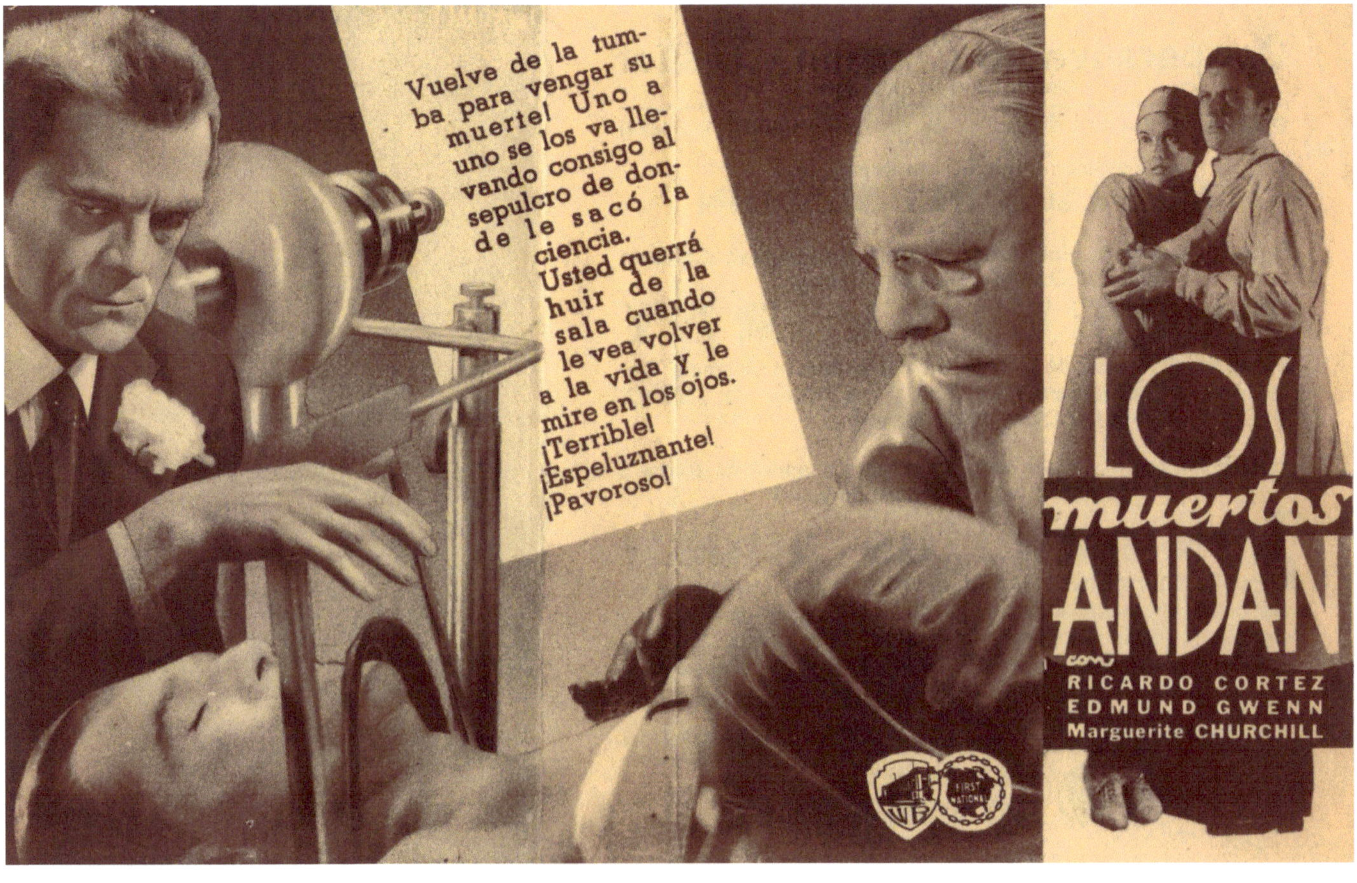

(Top) The Walking Dead

(Bottom) Flash Gordon's Trip to Mars

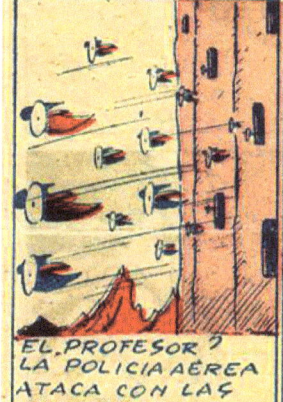

FLASH GORDON

¡EL HEROE DE LAS MAS IMPRESIONANTES HAZAÑAS!

En su más portentosa aventura

MARTE ATACA A LA TIERRA

Buster Crabbe - Jean Rogers - Charles Middleton

PRODUCCION UNIVERSAL

presentada por

BALET y BLAY

¡Un prodigio de espectacularidad!
¡Armas horripilantes!
¡Los hombres voladores!

¡Un delirio de fantasía!
¡La V. 1 y la V. 2 en acción!
¡Los aviones interplanetarios!

Una película que nos hará ver el futuro

PUBLIA

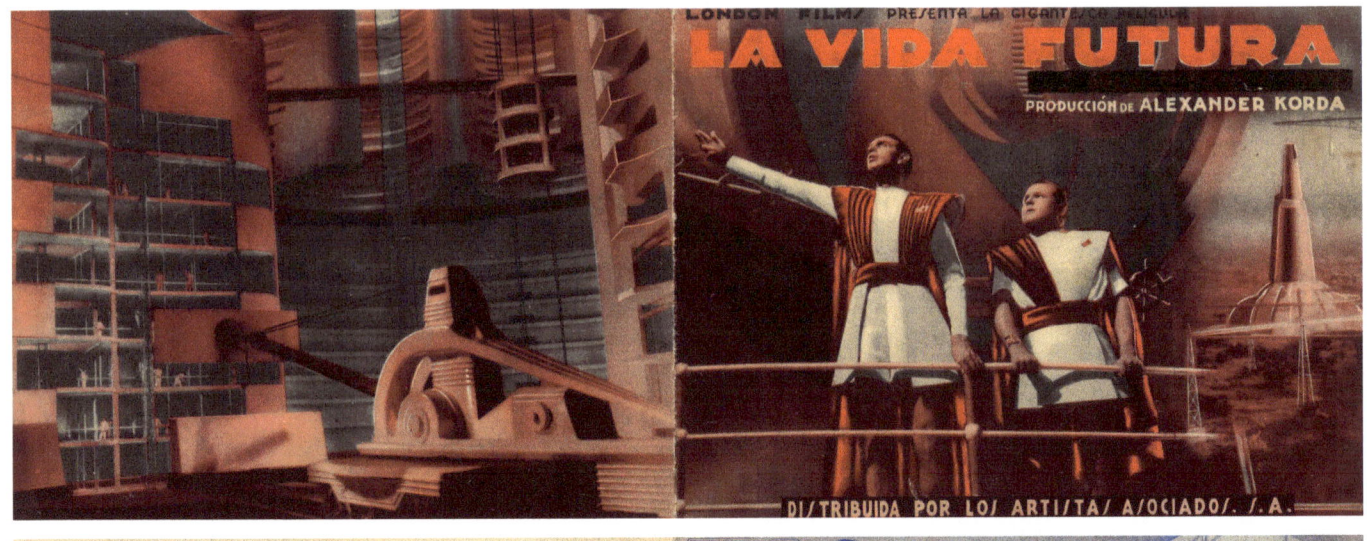

Things to Come

Lost Horizons

Night Key

Night Key

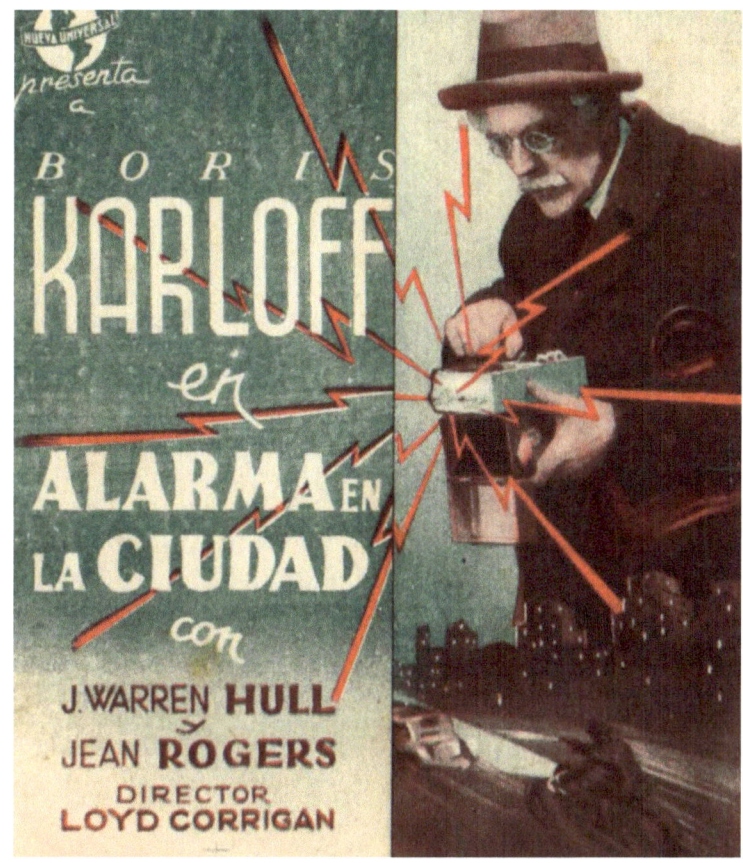

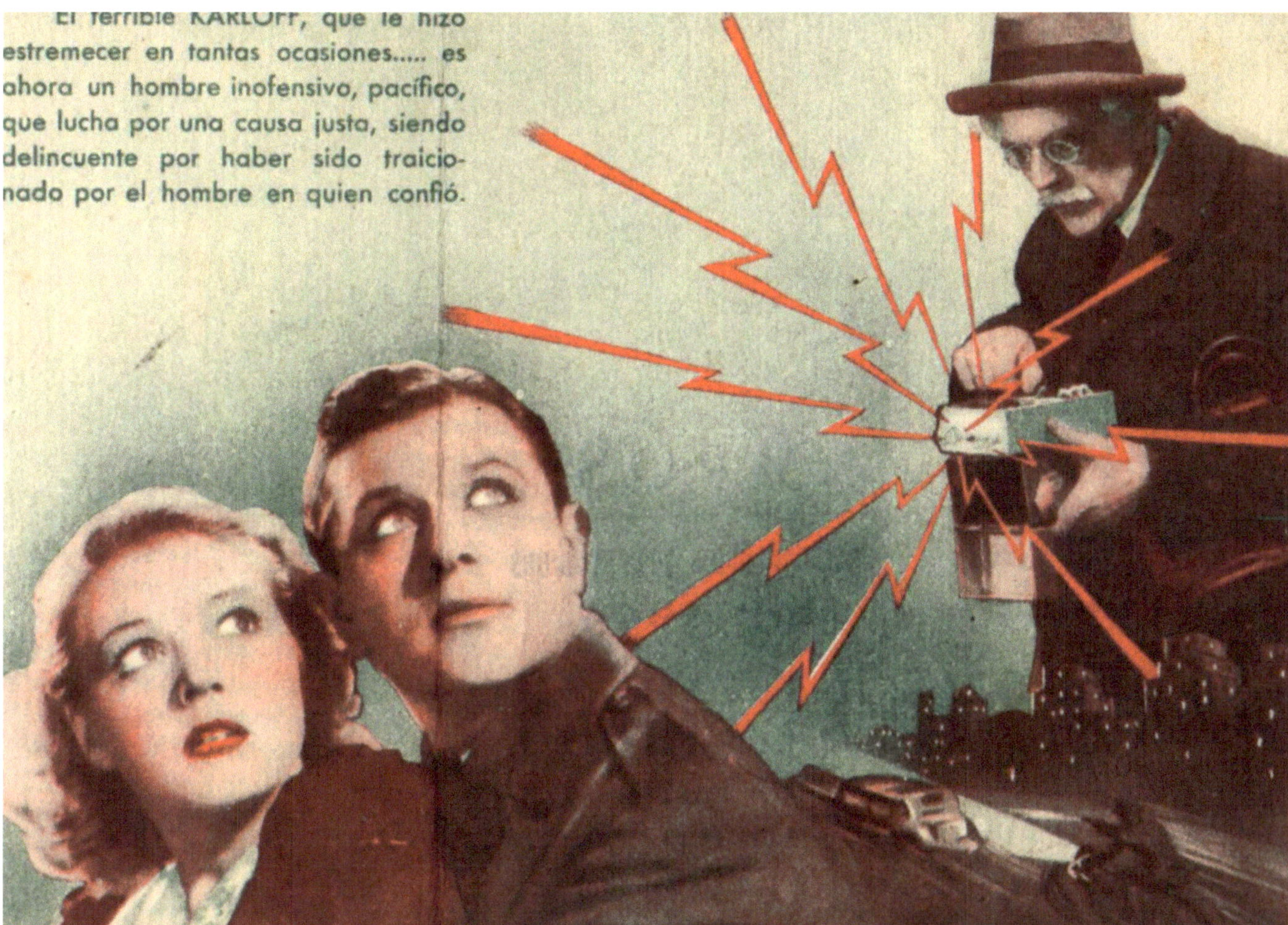

The Son of Frankenstein

The Human Monster
(Dark Eyes of London)

The Hunchback of Notre Dame

The Drums of Fu Manchu

(Right)
The Man They Could Not Hang
The Tower of London
The Mysterious Dr. Satan

BORIS KARLOFF
LORNA GRAY
ROBERT WILCOX
ROGER PRYOR
LA HORCA FATAL
DIRECTOR: NICK GRINDE

BALET Y BLAY
Presenta
Basil RATHBONE
Boris KARLOFF
en
La TORRE de LONDRES
con BARBARA O'NEIL
IAN HUNTER - NAN GREY
Director: ROWLAND V. LEE

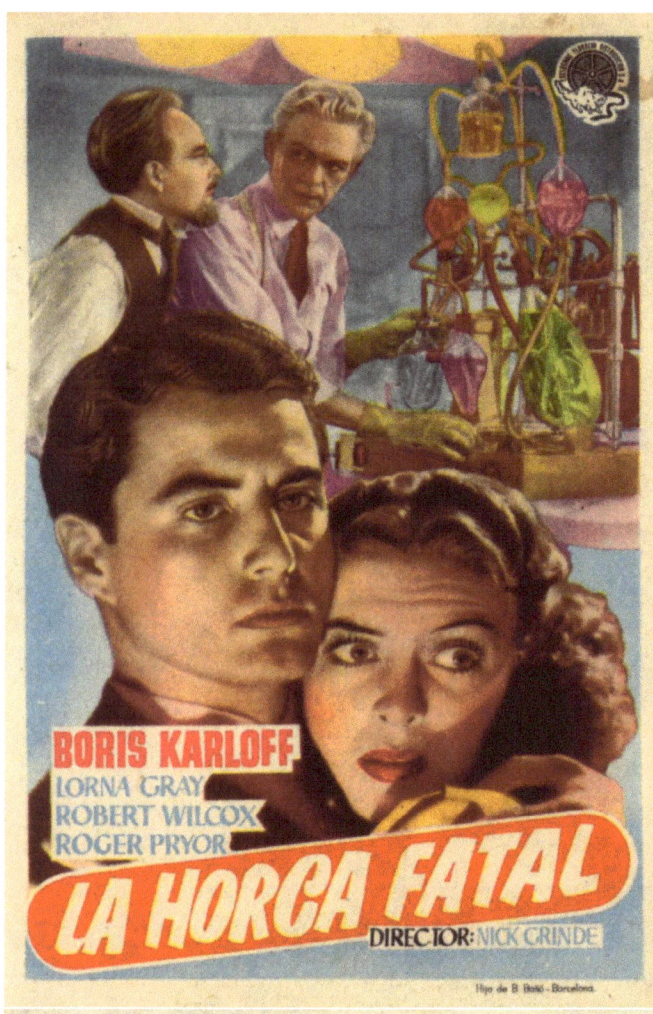

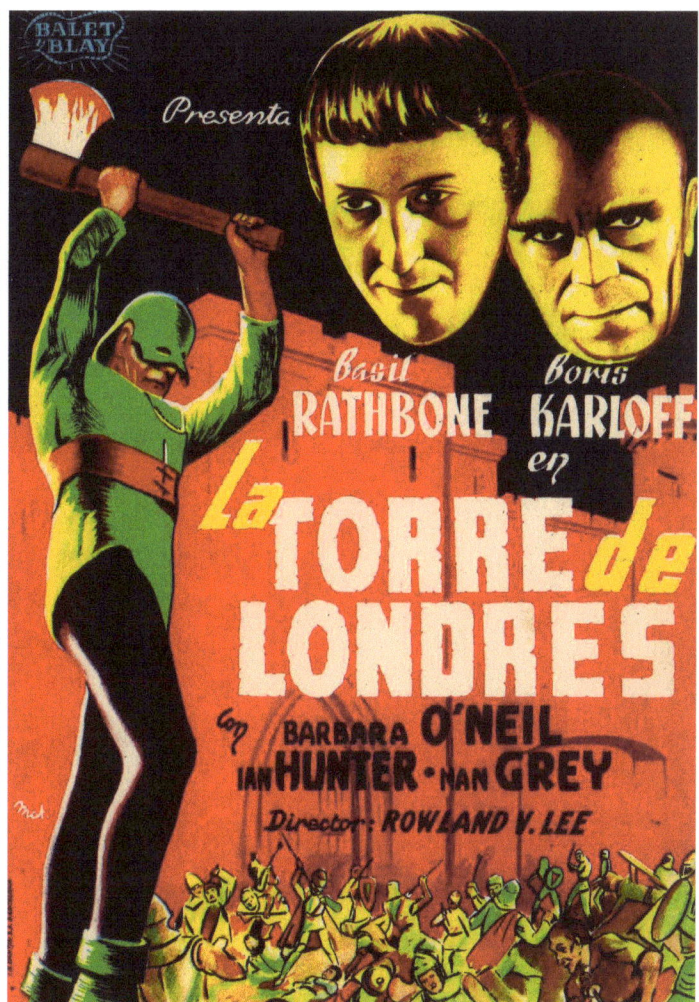

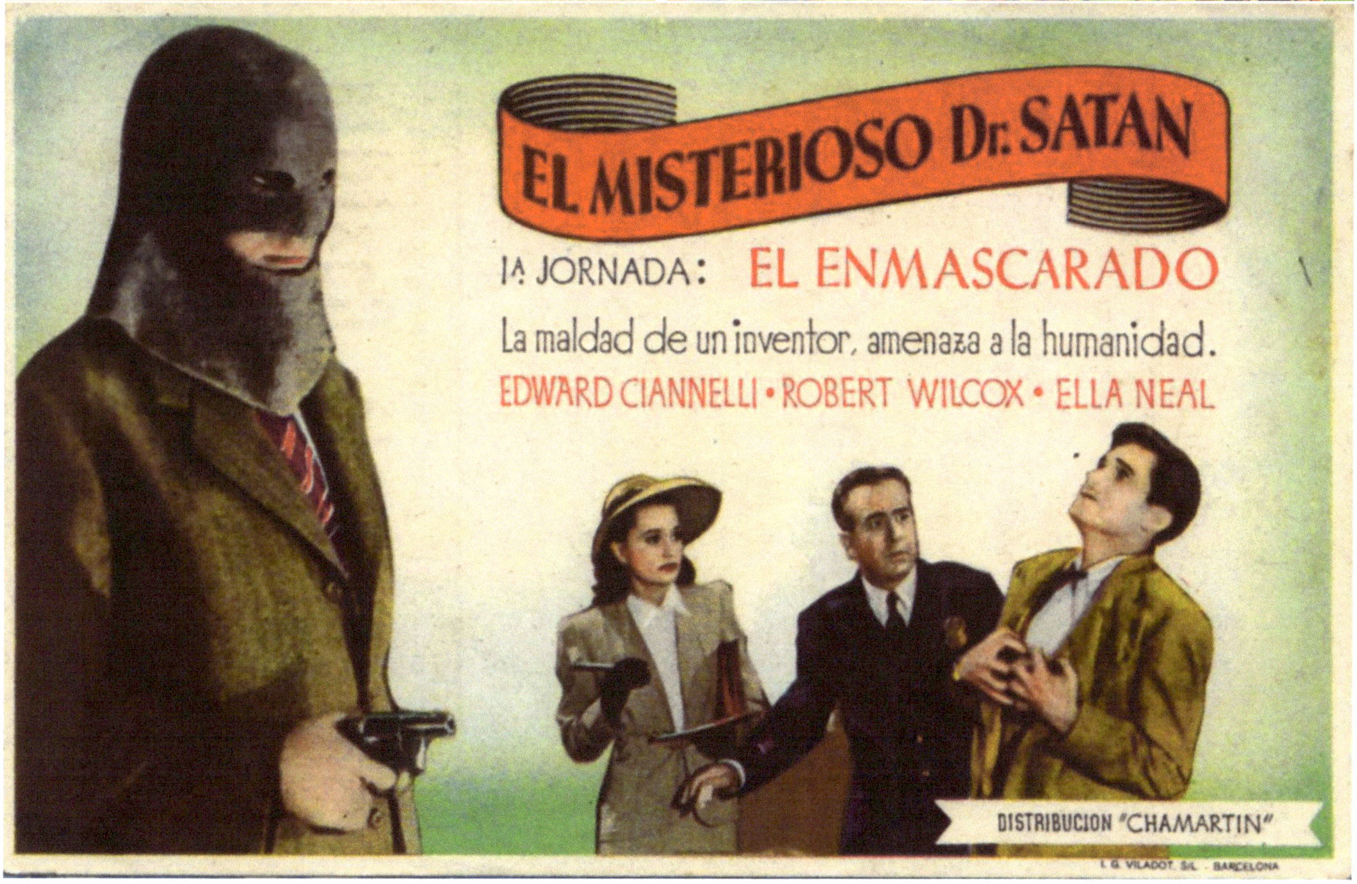
EL MISTERIOSO Dr. SATAN
1.ª JORNADA: EL ENMASCARADO
La maldad de un inventor, amenaza a la humanidad.
EDWARD CIANNELLI • ROBERT WILCOX • ELLA NEAL
DISTRIBUCION "CHAMARTIN"

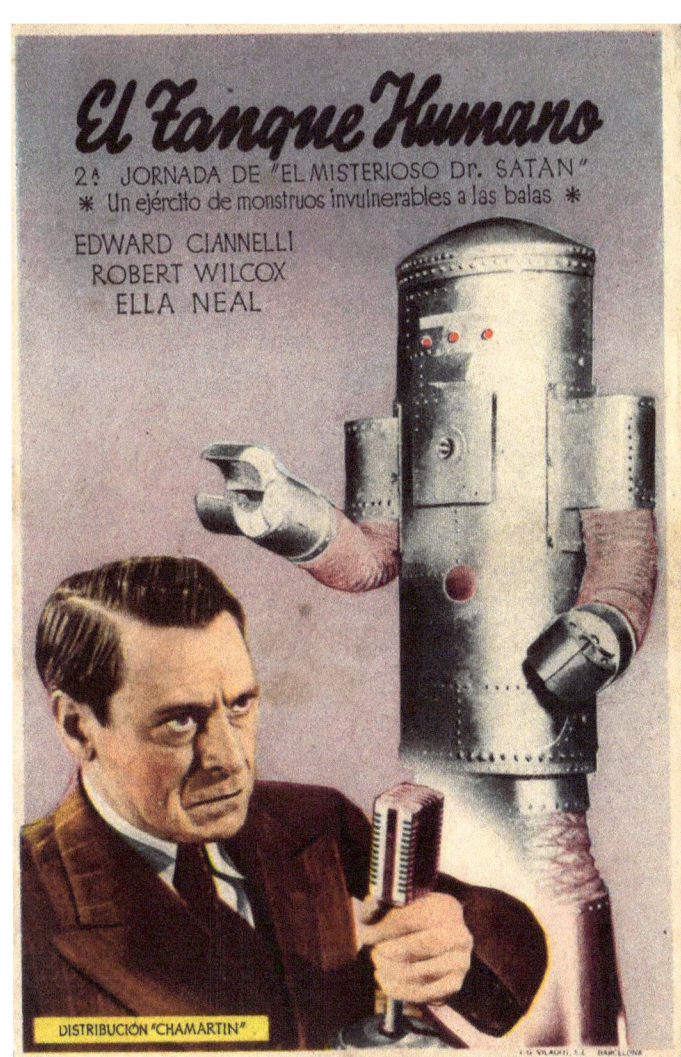

PELICULAS UNIVERSAL
PRESENTA
EL HOMBRE INVISIBLE VUELVE
con
SIR CEDRIC HARDWICK
VINCENT PRICE
NAN GREY
John SUTTON
Cecil KELLAWAY
Director:
JOE MAY

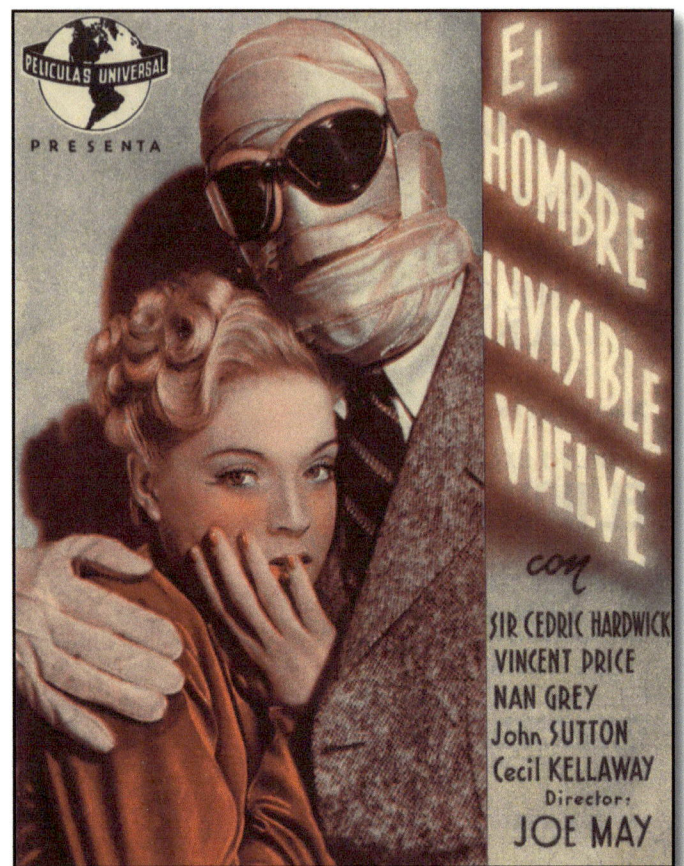

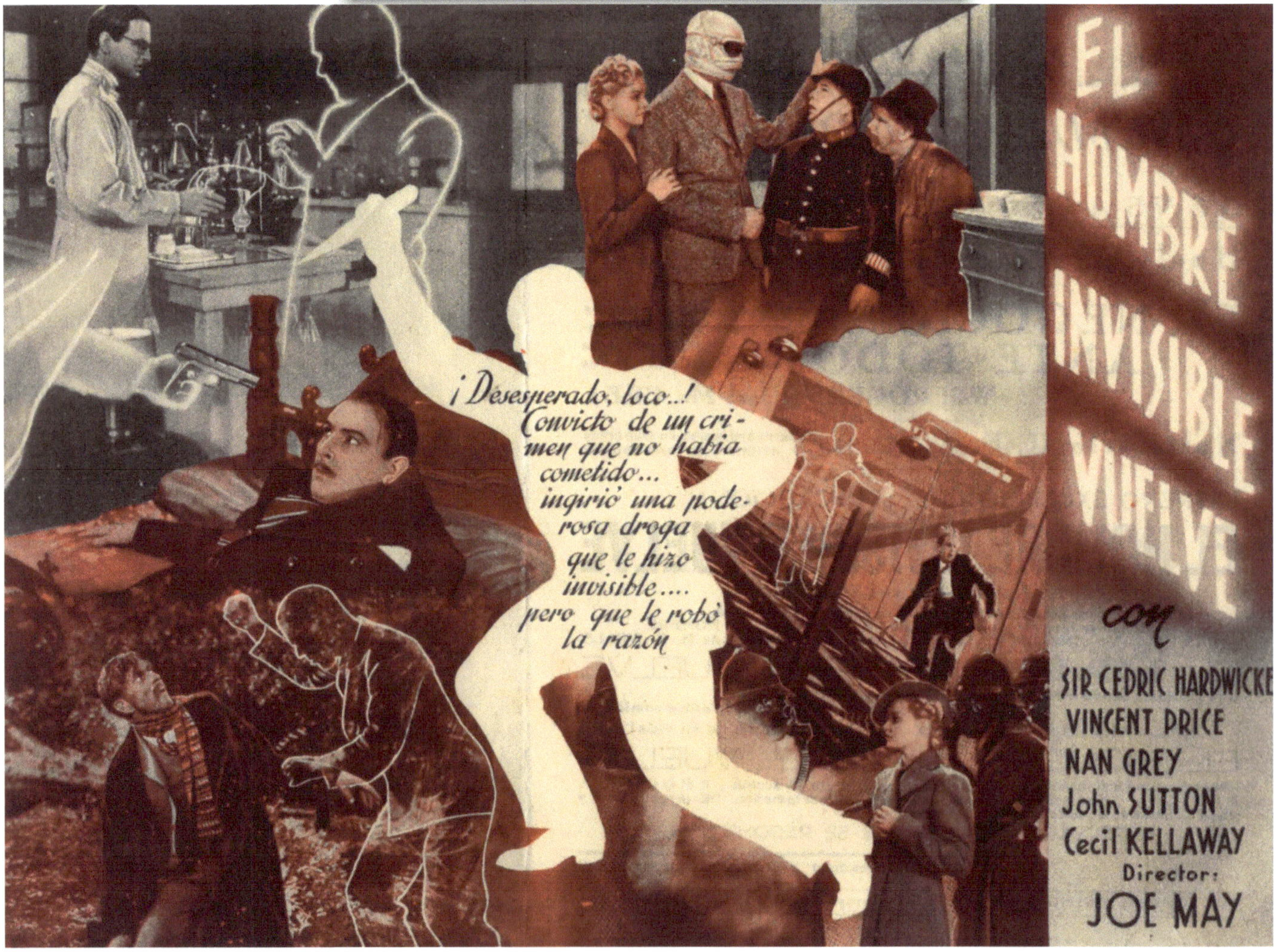
¡Desesperado, loco...! Convicto de un crimen que no habia cometido... ingirió una poderosa droga que le hizo invisible.... pero que le robó la razón
EL HOMBRE INVISIBLE VUELVE
con
SIR CEDRIC HARDWICKE
VINCENT PRICE
NAN GREY
John SUTTON
Cecil KELLAWAY
Director:
JOE MAY

1 ¡Las emisoras de radio lanzan al mundo la sensacional noticia: "EL HOMBRE INVISIBLE VUELVE"... Un condenado a muerte se ha fugado de la cárcel y ha ingerido una droga que le hace invisible.

2 La multitud huye despavorida... ¡Una ola de terror invade el mundo! El hombre invisible abriga terribles planes de venganza. Se presienten sucesos terribles.

3 Radcliffe, el hombre invisible, va a ver a su novia y le explica que ha ingerido la temible droga para descubrir a los culpables de la muerte de su hermano, crimen del que se le acusó a él.

4 La policía ha cercado la casa. Tiene órdenes terminantes de cazar al hombre invisible vivo o muerto. Han sido tomadas todas las precauciones.

5 Provistos de aparatos especiales de producir humo con el cual se logra la visibilidad, la policía tiene acorralado al hombre invisible en una habitación.

6 Sin embargo, el hombre invisible consigue una vez más burlar a sus perseguidores huyendo ante las propias barbas de la policía.

7 Con gran riesgo de ser descubierto, ya que la lluvia le hace visible, Radcliffe persigue a Cobbs de quien sospecha con fundamento.

8 Cobbs vé precipitarse sobre él un terrible fantasma, un hombre sin pies ni cabeza pero de fuertes puños invisibles que le derriban.

9 Cobbs se escapa, pero aterrorizado se precipita desde un elevado andamiaje matándose. En su bolsillo hay las pruebas de su crimen.

10 La policía consigue acorralar al hombre invisible después de una encarnizada persecución y dispara repetidamente sobre él.

11 Radcliffe llega herido al laboratorio del Doctor Griffin, causando fantástica impresión ver aquella vestimenta andar sola dejando tras sí grandes huellas de sangre.

12 Terrible dilema para la novia de Radcliffe y para el Dr. Griffin. ¿Cómo curarle si no ha sido hallado el antídoto para devolverle la visibilidad? ¿Qué ocurrirá? ¿Morirá? ¿Perderá la razón?

The Ape

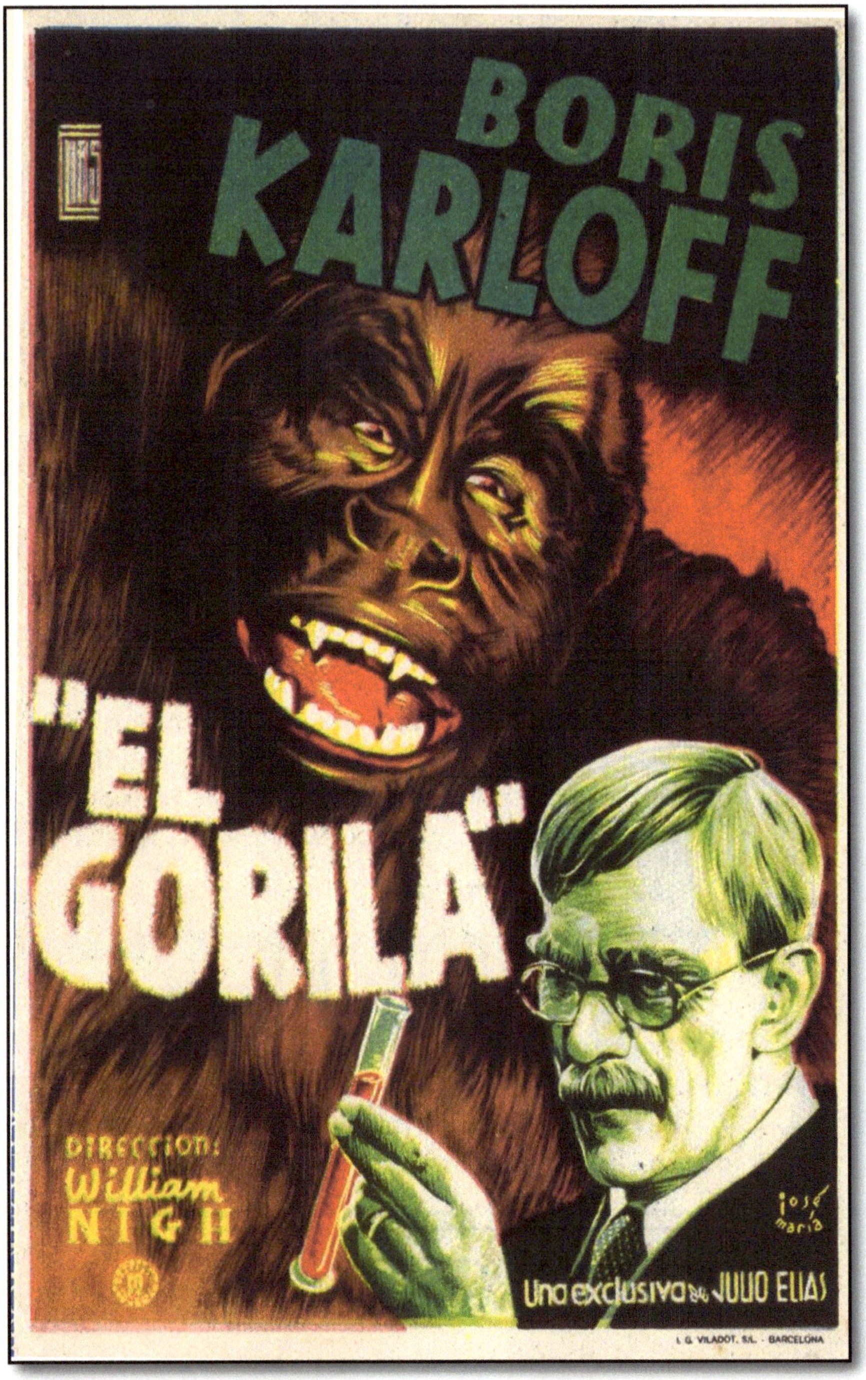
BORIS KARLOFF
"EL GORILA"
DIRECCION:
William NIGH
José María
Una exclusiva de JULIO ELIAS
I. G. VILADOT, S/L. - BARCELONA

EL GORILA
BORIS KARLOFF
Maris WRIXON
Director:
WILLIAM NIGH
I. G. VILADOT, S/L. - BARCELONA

EL GORILA
BORIS KARLOFF
Maris WRIXON
Director:
WILLIAM NIGH
I. G. VILADOT, S/L. - BARCELONA

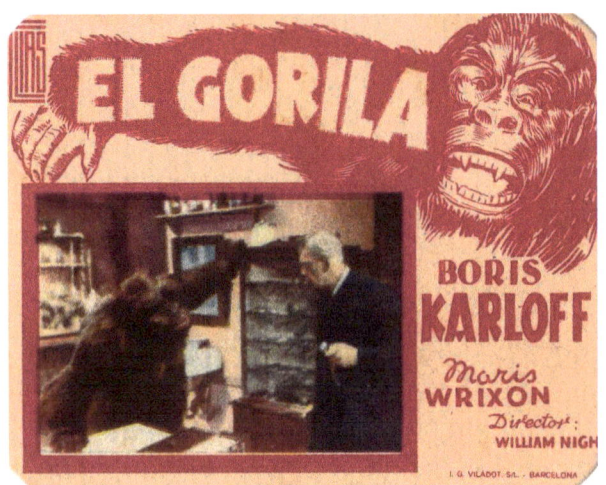

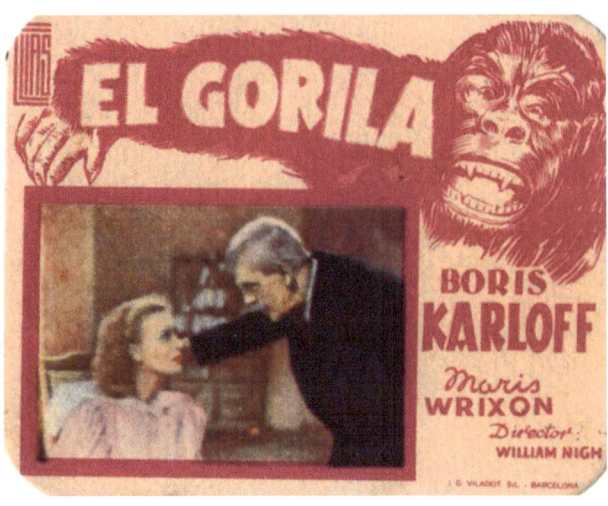

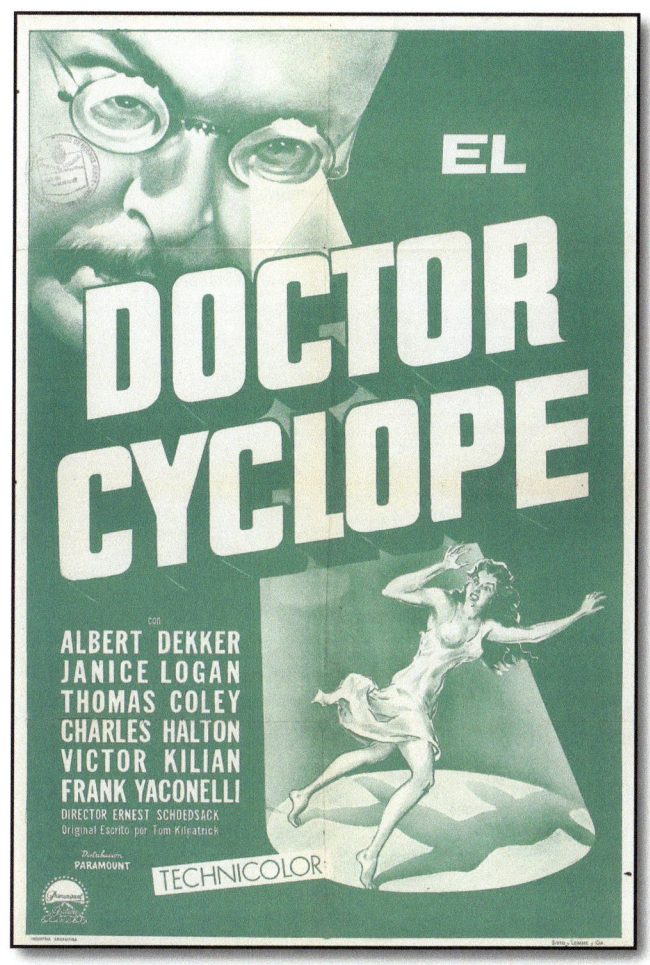

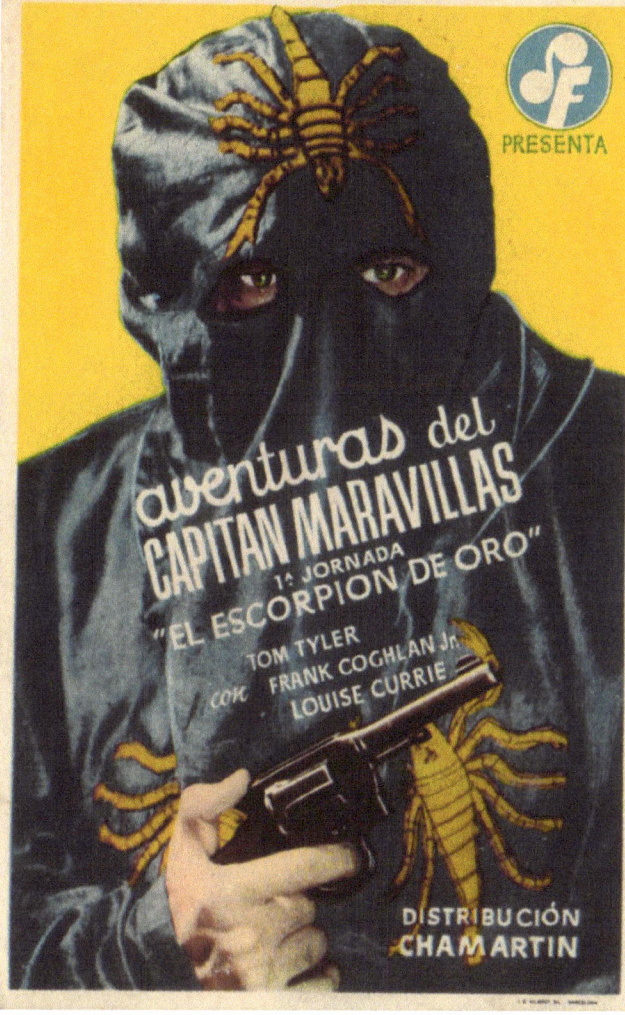

The Adventures of Captain Marvel

You'll Find Out

Man Made Monster

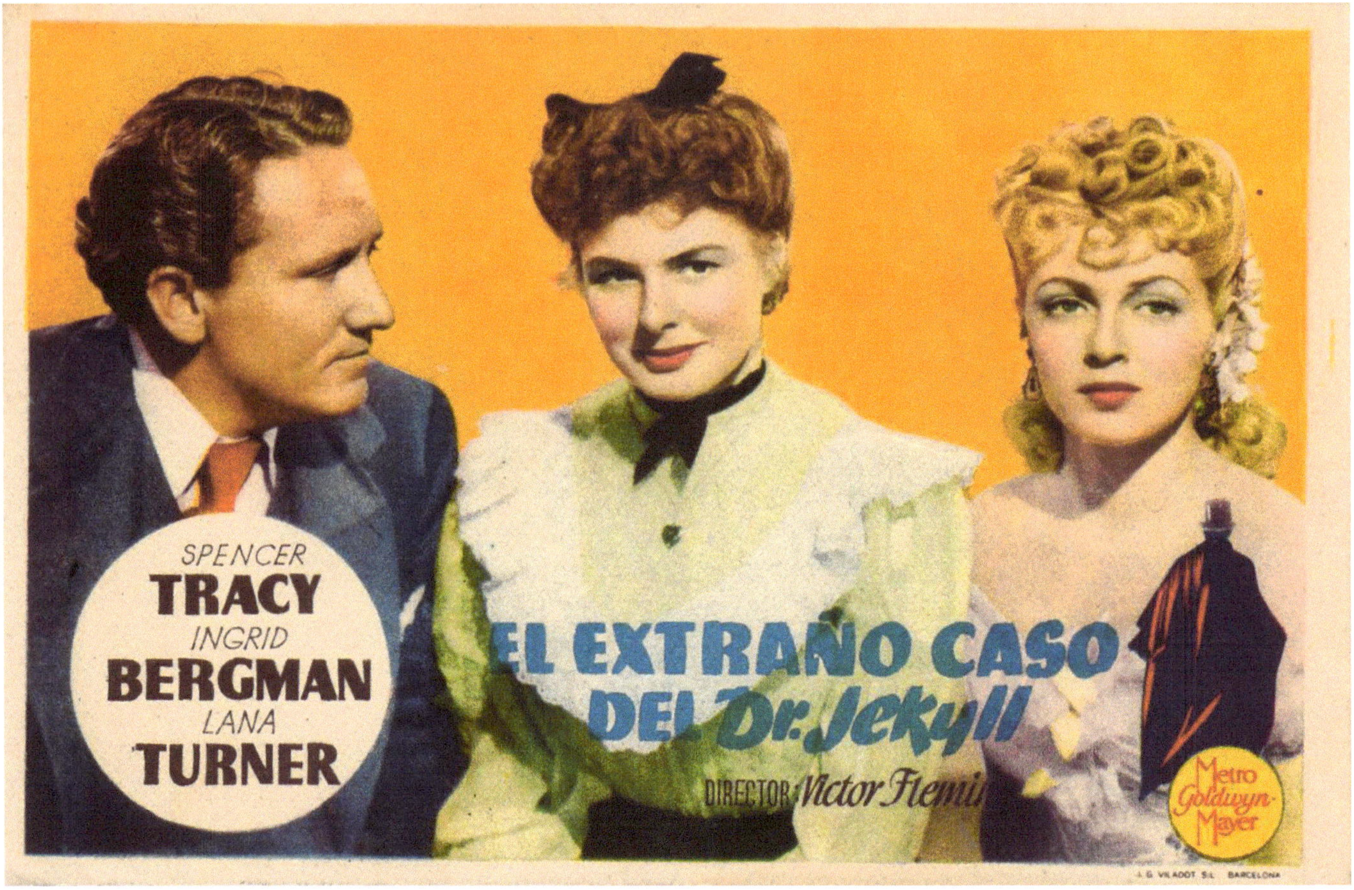
SPENCER
TRACY
INGRID
BERGMAN
LANA
TURNER
EL EXTRAÑO CASO
DEL Dr. Jekyll
Metro Goldwyn Mayer

Spencer TRACY * Ingrid BERGMAN * Lana TURNER

Metro Goldwyn Mayer
EL EXTRAÑO CASO DEL Dr. Jekyll
con
DONALD CRISP · IAN HUNTER · C. AUBREY SMITH
DIRECTOR: Victor Fleming

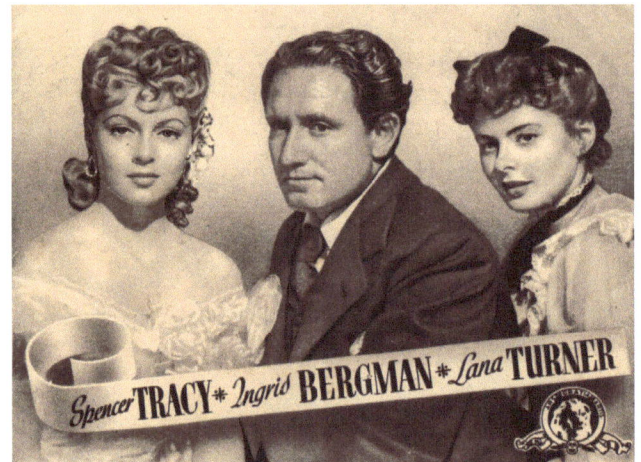

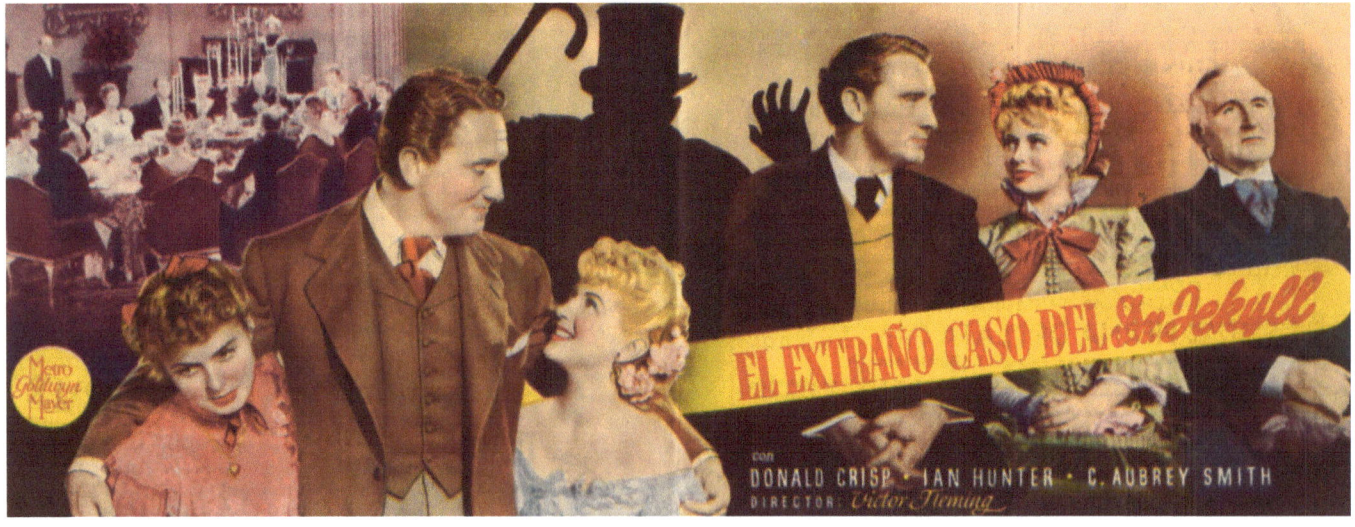

The Corpse Vanishes　　　　　　　　The Cat People　　　　　　　　(Below)The Black Cat

Frankenstein Meets the Wolf Man Pressbook

Lon Chaney, en compañía de Bela Lugosi y María Ouspenskaya en "FRANKENSTEIN Y EL HOMBRE LOBO", extraordinaria película de terror que presenta CHAMARTIN.

He aquí a Lon Chaney en su asombrosa caracterización del hombre-lobo en la emocionante película "FRANKENSTEIN Y EL HOMBRE-LOBO", obra maestra en su género.

✶ ✶ ✶ GACETILLAS ✶ ✶ ✶

Origen e historia del monstruo

En estos días en que nuevamente sale a escena el famoso monstruo de Frankenstein, es interesante recordar el curioso proceso de su creación, que costó casi un año entero de intensas investigaciones y trabajos de laboratorio. Fué Jack Pierce, el maquillador jefe de la Universal, el que ideó el espantoso personaje que tanto éxito terrorífico ha obtenido en sus prolongadas apariciones cinematográficas. Jack Pierce consultó para ello a numerosos cirujanos y hombres de ciencia, que le hablaron de antiguos papiros egipcios que trataban de personas enterradas en vida.

Pierce creó, finalmente, el monstruo en 1932 con la película EL DOCTOR FRANKENSTEIN. Boris Karloff se hizo entonces célebre por su interpretación del monstruo. En 1935 volvió a representarlo en LA NOVIA DE FRANKENSTEIN y, en 1939, en EL HIJO DE FRANKENSTEIN.

En LA VUELTA DE FRANKENSTEIN, que se realizó en 1941, el monstruo fué encarnado por Lon Chaney que, en FRANKENSTEIN Y EL HOMBRE LOBO, presentada por CHAMARTIN, realiza el asombroso papel del hombre-lobo, el más impresionante de su carrera artística.

Cuenta FRANKENSTEIN Y EL HOMBRE LOBO con otras primeras figuras, Ilona Massey, Patric Knowles, Lionel Atwill y María Ouspenskaya, que realzan la extraordinaria calidad de esta película y le aseguran un éxito aún mayor que el de las anteriores producciones de este género.

El monstruo de Frankenstein no murió!

«El ser que yo he creado ha sido cargado con una energía sobrehumana; su vida se prolongará durante las vidas de cien generaciones. No podrá perecer a menos que...» El diario del famoso Dr. Frankenstein revela aquí su secreto. Larry Talbot, el atormentado ser que se transforma en hombre-lobo, busca, con el ansia de la desesperación, el secreto de la vida y la muerte que pueda librarle de su espantosa tragedia. ¿Será el diario del Dr. Frankenstein su salvación o, por el contrario, el descubrimiento del monstruo creado por el doctor tantos años atrás complicará y oscurecerá aún más su angustiosa existencia?

En la magistral película de la Universal, FRANKENSTEIN Y EL HOMBRE LOBO, encontrarán ustedes la respuesta a este enigma. FRANKENSTEIN Y EL HOMBRE LOBO colmará los deseos de todo aficionado a las películas terroríficas de la mejor calidad. Un elenco de artistas extraordinario y un argumento apasionante lo garantiza. Lon Chaney encarnando de un modo asombroso al hombre-lobo, Ilona Massey, Patric Knowles, Bela Lugosi, en el papel del monstruo, Lionel Atwill y María Ouspenskaya forman el reparto.

FRANKENSTEIN Y EL HOMBRE LOBO será presentada por la Distribuidora CHAMARTIN.

Ilona Massey, bellísima y sugestiva heroína de "FRANKENSTEIN Y EL HOMBRE-LOBO".

Dos monstruos frente a frente

Dos monstruos de pesadilla se enfrentan en FRANKENSTEIN Y EL HOMBRE LOBO, la mejor película terrorífica realizada en los últimos tiempos: el célebre monstruo de Frankenstein, redivivo, y el impresionante hombre-lobo. La historia de FRANKENSTEIN Y EL HOMBRE LOBO atormentará sus sueños y le hará cavilar sobre el angustioso destino de Larry Talbot...

Pronto presentará CHAMARTIN esta fantástica producción cuyos principales intérpretes son Lon Chaney, Ilona Massey, Patric Knowles, Bela Lugosi, Lionel Atwill y María Ouspenskaya.

Intérpretes de Frankenstein y el Hombre Lobo

FRANKENSTEIN Y EL HOMBRE LOBO, la extraordinaria película terrorífica que distribuye CHAMARTIN, obra maestra en su género, presenta una particularidad interesante para los aficionados a los detalles biográficos de los astros de la pantalla. De sus seis intérpretes principales, dos son húngaros, dos ingleses, uno ruso y uno norteamericano. He aquí sus nombres y lugares de nacimiento: Ilona Massey, Budapest (Hungría); Patric Knowles, Yorkshire (Inglaterra); Bela Lugosi, Lugos (Hungría); Lionel Atwill, Croydon (Inglaterra); María Ouspenskaya, Tula (Rusia); Lon Chaney, Oklahoma (EE. UU.).

Una asombrosa creación de Lon Chaney

Lon Chaney, hijo, es, indudablemente digno sucesor de su padre en el arte de la caracterización. Su labor en FRANKENSTEIN Y EL HOMBRE LOBO no es sólo un prodigio de caracterización, sino que le coloca entre los mejores actores dramáticos que existen. Larry Talbot, el atormentado personaje de FRANKENSTEIN Y EL HOMBRE LOBO, tiene en Lon Chaney a un intérprete que puede, sin exageración, ser calificado de genial.

Su caracterización del hombre-lobo requiere cuatro horas largas de cuidadoso trabajo y extraordinaria transformación, que en la pantalla se lleva acabo en unos segundos, supone nueve horas de ardua labor.

FRANKENSTEIN Y EL HOMBRE LOBO es una obra maestra en su género. La marca Universal no ha regateado elementos para asegurarle tal calidad. Aparte de Lon Chaney, son intérpretes principales de esta producción, artistas de tanto renombre como la bellísima Ilona Massey, Patric Knowles, Lionel Atwill, Bela Lugosi y María Ouspenskaya.

FRANKENSTEIN Y EL HOMBRE LOBO será presentada próximamente por la Distribuidora CHAMARTIN.

Clichés de Prensa === **CARTEL MURAL** === **Clichés de Prensa**

MATERIAL DE PROPAGANDA:

Carteles murales, postales, fotos encartonadas (en negro y color), fotos para prensa, diapositivas, clichés de prensa, (varios modelos más de los impresos en esta hoja).

ILONA MASSEY * PATRIC KNOWLES
BELA LUGOSI * LIONEL ATWILL * MARIA OUSPENSKAYA
LON CHANEY
FRANKENSTEIN
Y
EL HOMBRE LOBO
DISTRIBUCION
CHAMARTIN
UNIVERSAL
I. G. VILADOT, S.L. - BARCELONA

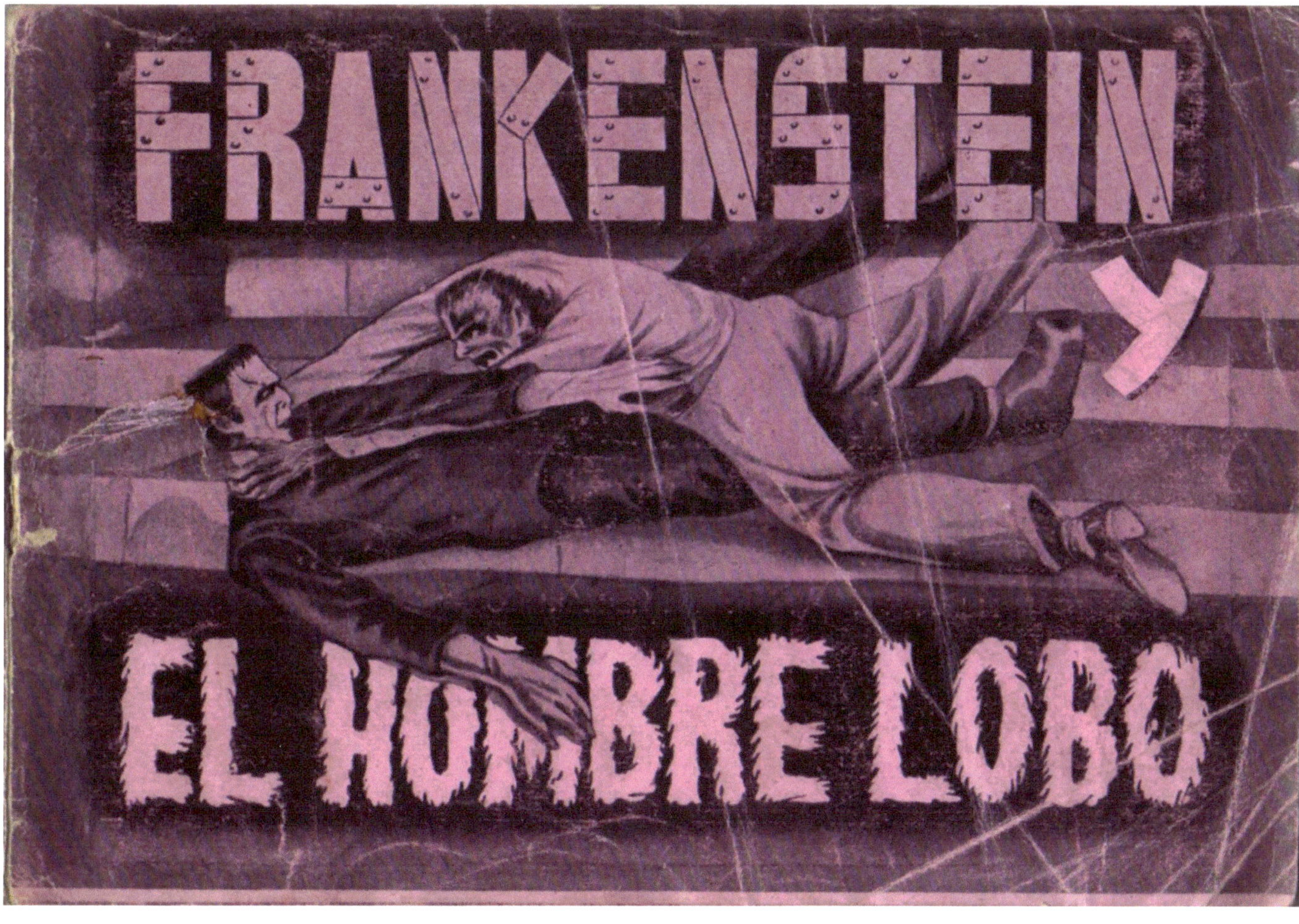
FRANKENSTEIN
Y
EL HOMBRE LOBO

The House of Frankenstein

Spiral Staircase

The Lodger

(Top right and below) - The Climax

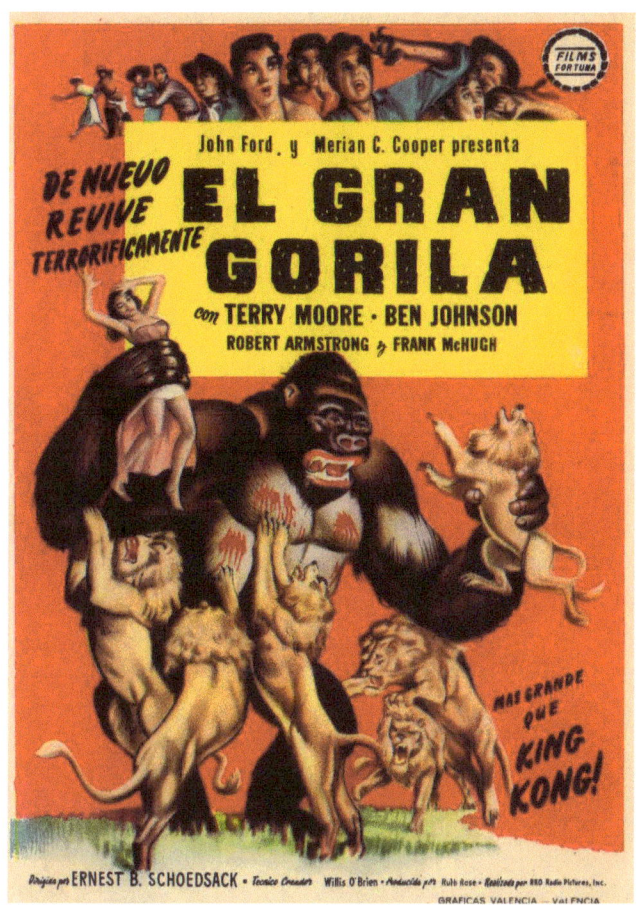

(Previous page-121)
Top left - Mighty Joe Young
Top Right - The Phantom of the Rue Morgue
Bottom Left - Son of Dr. Jekyll
Bottom Right - The Day the Earth Stood Still

This page - The House of Wax

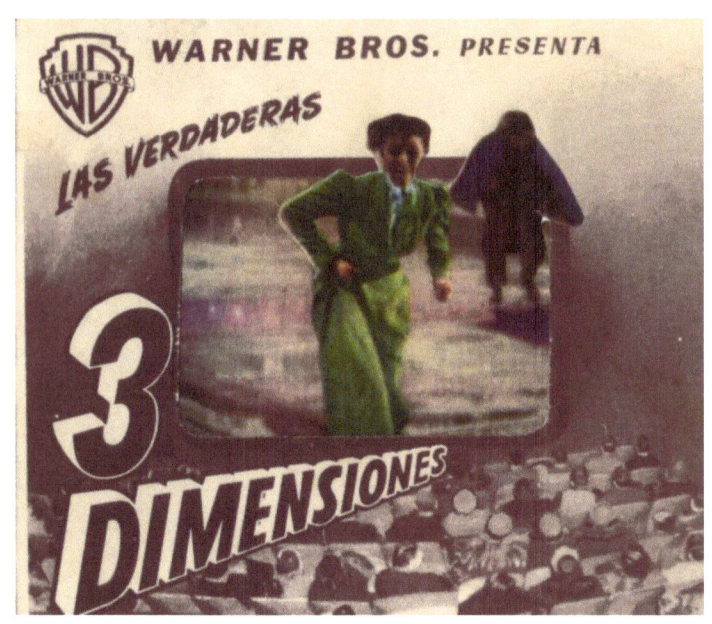

(Left) Creature From the Black Lagoon

(Right) The Revenge of the Creature

The Thing

Forbidden Planet

Them

The Fly

Beast from 20,000 Fathoms

Previous page - The War of the Worlds

(Top)
The War of the Worlds

Horror of Dracula

The Curse of Frankenstein

The Horror of Dracula

The Mummy

(Next page)

Top - Psycho

(Bottom) - The Birds

The Time Machine

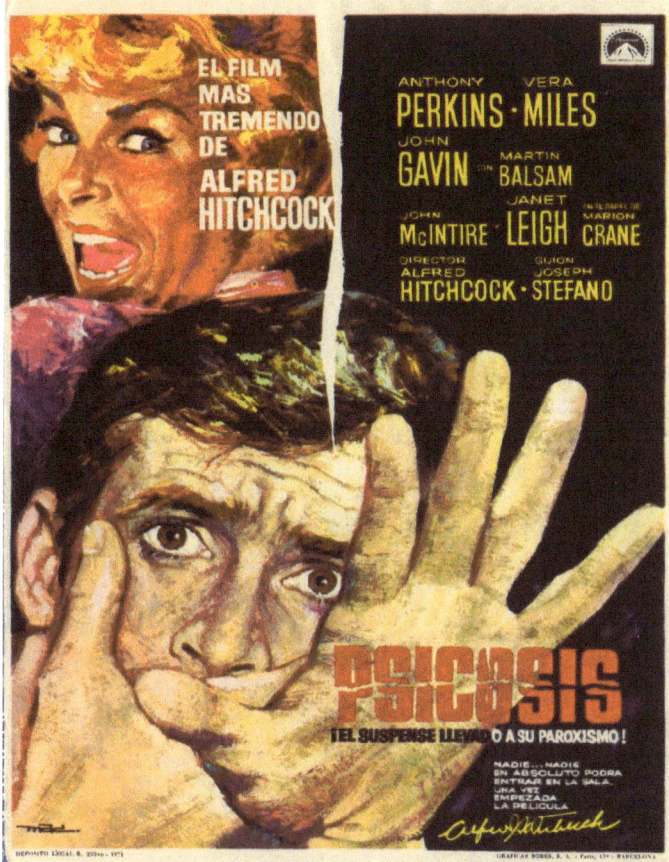

(Top) Rosemary's Baby - (Bottom) Planet of the Apes - 2001 Space Odyssey

NOTES AND ORIGINAL TITLES

(Unless otherwise specified, all material is Spanish)
Font cover: FRANKENSTEIN (USA 1931, James Whale) Universal. Poster.
Page 2: CREATURE FROM THE BLACK LAGOON (USA 1954, Jack Arnold) Universal. Poster.
Page 6: THE GHOST OF FRANKENSTEIN (USA 1942, Erle C. Kenton) Universal. Poster for the South American market.
Page 8: DAS CABINET DES DR. CALIGARI (Germany 1919, Robert Wiene) Decla-Bioscop. Simple program.
Page 9: DR. JEKYLL & MR. HYDE (USA 1920, John S. Robertson.). Top: Simple program. Bottom: American slide to advertise in cinemas.
Page 10/11/12/13: THE HUNCHBACK OF NOTRE DAME (USA 1923, Wallace Worsley) Universal. Page 10/11: Double bill. It is made in the U.S., so presumably was also distributed in the U.S. in its English version. This Spanish version was distributed in Spain and maybe in South American cinemas.
Page 12: Double bill die. Page 13: Double bill distributed in Argentina and Uruguay.
Page 14: THE PHANTOM OF THE OPERA (USA 1925, Rupert Julian) Universal. Double bill. It has the same characteristics as that of The Hunchback of Notre Dame.Paragraph beginning 'Page 14' – The second sentence should read: This was released in the USA and distributed in theaters which were presumably American, South American and Spanish (in their respective languages).
Page 15. Top: THE PHANTOM OF THE OPERA (USA 1925, Rupert Julian) Universal. Bottom: THE MONSTER (USA 1925, Roland West). Novels. From the beginning there were edited magazines and novels for fans with details of the last films premiered, illustrated with some photographs. It is curious to note that The Phantom of the Opera shows the characterization of Lon Chaney; something that was avoided throughout the promotion of the film and in the print advertising.
Page 16/17: LONDON AFTER MIDNIGHT (USA 1927, Tod Browning) MGM. Page 16: Argentinian poster. Page 17 top: Simple program distributed in Argentina and Uruguay. Bottom: MR. WU (USA 1927, William Nigh) MGM. Dropdown program (inside)
Page 18. Top: THE BAT (USA 1926, Roland West) UA. Press book. Bottom: DEUTSCHE FAUSTEINE VOLKSSAGE (Germany 1926, FW Murnau) UFA. Mexican simple program.
Page 19. Top: METROPOLIS (Germany 1927, Fritz Lang) UFA. Simple program. This film was released in Barcelona in Catalunya and Kursaal theaters on May 9, 1927 with orchestral accompaniment. It is interesting to note that the movie is divided into two parts and the second part began to be projected in the same theaters May 16. Bottom: FRAUM IM MOND (Germany 1929, Fritz Lang) UFA. Dropdown program (front).
Page 20: THE MAN WHO LAUGHS (USA 1928, Paul Leni) Universal. Double bill distributed in Argentina and Uruguay.
Page 21. Top left: THE CAT AND THE CANARY (USA 1927, Paul Leni) Universal. Double bill. Top right: LA VOLUNTAD DEL MUERTO (USA 1930, George Melford and Enrique Tovar) Universal. Double bill. The Cat and the Canary was released at the time in Spain in its silent version, but later Universal made La voluntad del muerto, a Spanish spoken version played by Spanish and South American actors. Bottom: THE UNHOLY THREE (USA 1930, Jack Conway) MGM. Double bill. The great Lon Chaney unique talkie film. Besides the man of a thousand faces, could have been the man of a thousand voices.
Page 22/23/24: DRACULA (USA 1931, George Melford) Universal. Page 22. Top: Simple Program distributed in Argentina and Uruguay. Bottom: Double bill (inside). Page 23: Double bill (front). Page 24. Top: American lobby card. Bottom: Ad. While the talkies were still in their infancy, in Spain as in South America, they premiered the Hispanic version of Dracula, filmed in the same scenarios as the Tod Browning movie, but with performers from Spain, Mexico and Argentina. Its premiere in Barcelona had the presence of actor Pablo Alvarez Rubio, the Spanish Renfield. He explained curiosities about the shooting and recited poetry. Spain had to wait until 1988 to see Bela Lugosi in the American cinema version, but by that time Tod Browning's film had already been screened at festivals and on television.
Page 25/26/27: FRANKENSTEIN (USA 1931, James Whale) Universal. Page 25: Double bill. Page 26: Double bill distributed in Argentina and Uruguay. Page 27: Simple Program pertaining to the 1965 re-release. The Spanish double bill have a previous similar version to the one shown (page 26), but without the names of the cast. It is curious that Dr Frankenstein premiered in Spain in the original English version, but with dubbing instead of translation.
Page 28/29: DOCTOR X (USA 1932, Michael Curtiz) WB. Page 28: Poster. Page 29 top: Simple program. Bottom: JUST IMAGINE (USA 1930, David Butler) Fox. Mexican simple program.
Page 30/31: M (Germany 1931, Fritz Lang) Nero Film. Page 30 top left: Dropdown program. Top right: Simple program die. Bottom and page 31 top: Double bill.
Page 31/32: MURDERS IN THE RUE MORGUE (USA 1932, Robert Florey) Universal. Page 31 bottom: Double bill (front). Page 32 top: Double bill (inside)
Page 32/33: FREAKS (USA 1932, Tod Browning) MGM. Page 32 bottom: Simple program. Page 33: Three simple programs and an ad. The projection in the Barcelona Arnau Theater in September of 1934 was accompanied with a Siamese twins show. (Page 33 bottom right). On that occasion was accompanied of one of the Mr. Wong films, starring Boris Karloff. This partly contradicts what is written by Lucía Solaz in his great essay of the Browning film, where she writes that "Spain would not be allowed in his exhibition until 10 June 1997" though, that if she says his projection at the Sitges Film Festival (1969 and 1977) and television (1986).
Page 34: THE MASK OF FU MANCHU (USA 1932, Charles Bravin) MGM. Top left: Double bill (front). Top right: simple program. Bottom: Double bill (inside)
Page 35/36: DR. JEKYLL AND MR. HYDE (USA 1931, Rouben Mamoulian) Paramount. Page 35 top: Double bill (inside). Bottom left: Double bill (front). Bottom right: Local program. Page 36: Poster.
Page 37: THE MOST DANGEROUS GAME (USA 1932, Irving Pichel and Ernest B. Schoedsack) RKO. Double bill.
Page 38/39: THE MUMMY (USA 1932, Karl Freund) Universal. The Spanish promotion of The Mummy was most luxurious. The simple program (Page 38 top right) could look to the light ... Bringing the opportunity to discover the figure of Karloff! (Page 38 below). Most luxurious is, if is possible, this triptych similar to the US herald. We can see closed on page 38 (top left) and deployed in page 39 (front and back)
Page 40: THE OLD DARK HOUSE (USA 1932, James Whale) Universal. Double bill.
Page 41: THE PHANTOM OF CRESTWOOD (USA 1932, J. Walter Ruben) Radio Pictures. Double bill.
Page 42. Top left: UNGEIMLICHE GESCHICHTEN (The Living Dead) (Germany 1932, Richard Oswald). Simple Program. Top right and bottom: THE THIRTEENTH GUEST (USA 1932, Albert Ray) Monogram. Double bill.

Page 43: DAS TESTAMENT DES DR. MABUSE (Germany 1933, Fritz Lang) UFA. Two double bills (inside).

Page 44: DELUGE (USA 1933, Felix E. Feist) KBS Prod. Double bill.

Page 45/46: KING KONG (USA 1933, Ernest B. Schoedsack & Merian C. Cooper) RKO. Large format simple programs, the first of them die.

Page 47: THE DEATH KISS (USA 1933, Edwin L. Marin) World Wide Pictures. Simple program.

Page 48: MURDERS IN THE ZOO (USA 1933, Edward Sutherland) Paramount. Double bill.

Page 49/50: THE GHOUL (UK 1933, T. Hunter Hayes) Gaumont-British. Page 49: Double bill (front). Page 50 top: simple program. Bottom: Double bill (inside)

Page 51: THE INVISIBLE MAN (USA 1933, James Whale) Universal. Double bill.

Page 52/53: ISLAND OF LOST SOULS (USA 1933, Erle C. Kenton) Paramount. Page 52: Poster. Page 53: Double bill.

Page 54/55: THE MISTERY OF THE WAX MUSEUM (USA 1933, Michael Curtiz) WB / First National. Page 54: Double bill. Page 55 top: Simple program. Bottom: THE WHISPERING SHADOW (USA 1933, Colbert Clark and Albert Herman) Mascot. Simple program.

Page 56/57: THE SON OF KONG (USA 1933, Ernest B. Schoedsack) RKO. Page 56: Large format simple herald. Page 57: Dropdown program.

Page 58: THE BLACK CAT (USA 1934, Edgar G. Ulmer) Universal. Double bill.

Page 59: THE VAMPIRE BAT (USA 1933, Frank Strayer) Majestic. Double bill.

Page 60: THE MAN WHO RECLAIMED HIS HEAD (USA 1934, Edward Ludwig) Universal. Double bill.

Page 61: THE VANISHING SHADOW (USA 1934, Lew Landers) Universal. Double bill.

Page 62/63/64/65: MAD LOVE (USA 1935, Karl Freund) MGM. Page 62: Double bill (front and inside). Page 63 top: Double bill (back). Bottom: Window card. Page 64 and 65 above: Lobby cards.

Page 65/66/67: MARK OF THE VAMPIRE (USA 1935, Tod Browning) MGM. Page 65 bottom: Double bill (front). Page 66: Double bill (inside and back). Page 67: Simple program (top left) and three lobby cards.

Page 68: MYSTERY OF EDWIN DROOD (USA 1935, Stuart Walker) Universal. Double bill.

Page 69: SHE (USA 1935, Irving Pichel & Lansing Holden) RKO. Top left: Simple program. Bottom: Double bill (front). Right: Double bill (inside)

Page 70/71: THE BRIDE OF FRANKENSTEIN (USA 1935, James Whale) Universal. Page 70: Double bill. Page 71: Paragraph beginning Page 70/71 – It is curious that this Bride of Frankenstein is an American program, though the theater text is in Castilian, so it is possible that this version was distributed in South America or in a theater dedicated to the Hispanic audience of the United States.

Page 72/73: THE RAVEN (USA 1935, Louis Friedlander) Universal. Page 72: Double bill. Page 73: Argentinian poster.

Page 74: WEREWOLF OF LONDON (USA 1935, Stuart Walker) Universal. Double bill.

Page 75: THE CLAIRVOYANT (UK 1935, Maurice Elvey) Gaumont-British. Double bill.

Page 76/77: CHARLIE CHAN AT THE OPERA (USA 1936, K. Bruce Humberstone) 20th Century Fox. Page 76: Poster. Page 77 top: Local double bill (front). Bottom: THE MAN WHO CHANGED HIS MIND (UK 1936, Robert Stevenson) Gaumont-British. Double bill (front).

Page 78/79: DRACULA'S DAUGHTER (USA 1936, Lambert Hillyer) Universal. Page 78: Poster. Page 79: Double bill.

Page 80: THE DEVIL DOLL (USA 1936, Tod Browning) MGM. Double bill.

Page 81: THE INVISIBLE RAY (USA 1936, Lambert Hillyer) Universal. Novel (Top left) and double bill.

Page 82: THE PHANTOM EMPIRE (USA 1935, Otto Brower and Reeves Eason) Mascot. Simple programs. This type of serial, which originally consisted of fifteen episodes of twenty minutes duration, premiered in three movies in Spain, which were known popularly as 'jornadas.' It was the success of these serials among Spanish children that could have ensured that several of them were made into card collections, as in the case of The Drums of Fu Manchu, The Mysterious Dr. Satan and The Adventures of Captain Marvel.

Page 83: SHADOWS OF CHINATOWN (USA 1936, Robert F. Hill). Victory Pictures. Simple programs.

Page 84/85: THE WALKING DEAD (USA 1936, Michael Curtiz) WB / First National. Page 84: Double bill. Page 85 top: Simple Program

Page 85/86/87: FLASH GORDON'S TRIP TO MARS (USA 1938 Ford Beebe & Robert Hill) Universal. Page 85 bottom: Simple program. Page 86/87: Front and back of large format simple program. In this particular case, this serial was released in Spain condensed into feature film.

Page 88: THINGS TO COME (UK 1936, William Cameron Menzies) London-UA. Double and simple program (bottom).

Page 89: LOST HORIZON (USA 1937, Frank Capra) UA. Double bill.

Page 90/91: NIGHT KEY (USA 1937, Lloyd Corrigan) Universal. Two double programs.

Page 92/93/94: THE SON OF FRANKENSTEIN (USA 1939, Rowland V. Lee) Universal. Page 92: Double bill. Page 93: Poster. Page 94 top: Window card. Bottom: THE HUMAN MONSTER (UK, 1939 Walter Summers) Pathe. Simple program.

Page 95: THE HUNCHBACK OF NOTRE DAME (USA 1939, William Dieterle) RKO. Simple programs.

Page 96: DRUMS OF FU MANCHU (USA 1940, John and William Witney) Republic. Simple program (top left) and double bill.

Page 97. Top left: THE MAN THEY COULD NOT HANG (USA 1939, Nick Grinde) Columbia. Simple program. Top right: TOWER OF LONDON (USA 1939, Rowland V. Lee) Universal. Simple program.

Page 97 (bottom) and 98: MYSTERIOUS DOCTOR SATAN (USA 1940, John and William Witney) Republic. Simple programs. As in other cases, this serial was condensed into three films.

Page 99/100/101: THE INVISIBLE MAN RETURNS (USA 1940, Joe May) Universal. Page 99: Poster. Page 100: Double bill. Page 101: Large format simple program.

Page 102: THE APE (USA 1940, William Nigh) Monogram. Three simple programs.

Page 103. Top left: DR. CYCLOPS (USA 1940, Ernest B. Schoedsack). Poster possibly South American. Top right and bottom: ADVENTURES OF CAPTAIN MARVEL (USA 1941, John and William Witney) Republic. Simple programs. Paragraph beginning Page 103 – The last A serial of twelve episodes that were distributed in Spain and divided into two films.

Page 104: YOU'LL FIND OUT (USA 1940, David Butler) RKO. Three simple programs and advertisements.

Page 105: MAN MADE MONSTER (USA 1941, Arthur Lubin) Universal. Simple program.

Page 106: DR. JEKYLL & MR. HYDE (USA Victor Fleming) MGM. Simple program (top) and double.

Page 107/108: THE WOLF MAN (USA, 1941 George Waggner) Universal. Page 107: Poster. Page 108: Simple programs. If it is quite rare to get the "official" The Wolfman program distributed by Levante SA (top), is much more difficult to get the version of Films Astoria, the very few that have survived (bottom).

Page 109: THE GHOST OF FRANKENSTEIN (USA 1942, Eric C. Kenton) Universal. Argentinian poster of a film that at the time was not released in Spain.

Page 110. Top left: THE CORPSE VANISHES (USA 1942, Wallace Fox) Monogram. Simple program. Top right: CAT PEOPLE (USA 1942, Jacques Tourneur) RKO. The beauty of this simple program does not make us forget that this was the only Val Lewton horror production released in his time in Spain. Bottom: THE BLACK CAT (USA 1941, Albert S. Rogell) Universal. Simple program.

Page 111/112/113: FRANKENSTEIN MEETS THE WOLF MAN (USA 1943, Roy William Neill) Universal. Page 111/112: Press book. Page 113 top: Simple program. Bottom: Collection album for 144 black and white cards that was published in Spain.

Page 114/115: THE PHANTOM OF THE OPERA (USA 1943, Arthur Lubin) Universal. Page 114: Film exhibitor book (Front). Page 115 top: Simple program.

Page 115/116: HOUSE OF FRANKENSTEIN (USA 1944, Erle C. Kenton) Universal. Page 115 bottom: Simple program. Page 116: South American poster printed in USA.

Page 117/118: HOUSE OF DRACULA (USA 1945, Erle C. Kenton) Universal. Page 117: Argentinian poster. Page 118 top: Simple programs. Bottom left: THE SPIRAL STAIRCASE (USA 1946, Robert Siodmak) RKO. Simple program. Bottom right: THE LODGER (USA 1944, John Brahm) 20th Century Fox. Simple program.

Page 119: THE INVISIBLE MAN'S REVENGE (USA 1944, Ford Beebe) Universal. Simple program.

Page 120. Top left: ABBOTT & COSTELLO MEET FRANKENSTEIN (USA 1948, Charles T. Barton) Universal. Simple program. Top right and bottom: THE CLIMAX (USA 1944, George Waggner) Universal. Simple programs.

Page 121. Top left: MIGHTY JOE YOUNG (USA 1949, Ernest B. Schoedsack) RKO. Simple program. Top right: PHANTOM OF THE RUE MORGUE (USA 1954, Roy de Ruth) WB. Simple program. Bottom left: THE SON OF DR. JEKYLL (USA 1951, Seymour Friedman) Columbia. Poster destined to South America. Bottom right: THE DAY THE EARTH STOOD STILL (USA 1951, Robert Wise) 20th Century Fox. Simple program.

Page 122: HOUSE OF WAX (USA 1953, Roy de Ruth) WB. Double bill.

Page 123. Top left: CREATURE FROM THE BLACK LAGOON (USA 1954, Jack Arnold) Universal. Simple program. The censorship that prevailed in Spain at the time preferred to convert the suggestive swimsuit of Julia Adams into a dress torn. Top right: REVENGE OF THE CREATURE (USA, 1955 Jack Arnold) Universal. South American poster. Bottom left: THE THING FROM ANOTHER WORLD (USA 1952, Christian Nyby & Howard Hawks) RKO. Simple program. Bottom right: FORBIDDEN PLANET (USA 1956, Fred McLeod Wilcox) MGM. Simple program.

Page 124. Top left: THEM! (USA 1954, Gordon Douglas) WB. Simple program. Top right: THE FLY (USA 1958, Kurt Neumann) 20th Century Fox. Simple program. Bottom: THE BEAST FROM 20.000 FATHOMS (USA 1953, Eugene Lourie) WB. Simple program.

Page 125: BRIDE OF THE MONSTER (USA 1955, Ed Wood) Rolling M. Productions. Argentinian poster.

Page 126/127: THE WAR OF THE WORLDS (USA 1953, Byron Haskin) Paramount. Page 126: Poster. Page 127 top: Simple program. Bottom: DRACULA (UK 1958, Terence Fisher) Hammer. South American poster.

Page 128. Top Left: THE CURSE OF FRANKENSTEIN (UK 1957, Terence Fisher. Top right: DRACULA (UK 1958, Terence Fisher). Bottom: THE MUMMY (UK 1959, Terence Fisher) Hammer. Simple programs.

Page 129. Top left and right: PSYCHO (USA 1961, Alfred Hitchcock) Paramount. Simple programs. Bottom left: THE BIRDS (USA 1963, Alfred Hitchcock) Universal. Simple program. Bottom right: THE TIME MACHINE (USA 1960, George Pal) MGM. Simple program.

Page 130. Top: ROSEMARY'S BABY (USA 1968, Roman Polanski) Paramount. Simple program. Bottom left: PLANET OF THE APES (USA 1968, Franklin J. Schaffner) 20th Century Fox. Simple program. Bottom right: 2001: A ESPACE ODYSSEY (USA 1968, Stanley Kubrick) MGM. Simple program.

Page 137: THE MUMMY (USA 1932, Karl Freund) Universal.: I wanted to close this book with a classic film poster made by a current artist. Since I saw him, I have been impressed by the outstanding work of Mo Caro, in his treatment of the lighting; capturing the atmosphere that Karl Freund gave to the immortal classic. Mo Caro certainly ensures continuity to the movie poster art in Spain.

TÍTULOS ORIGINALES Y NOTAS

(A no ser que se especifique lo contrario, todo el material es español)
Portada: FRANKENSTEIN (USA 1931, James Whale) Universal. Póster.
Pag. 2: CREATURE FROM THE BLACK LAGOON (USA 1954, Jack Arnold) Universal. Póster.
Pag. 6: THE GHOST OF FRANKENSTEIN (USA 1942, Erle C. Kenton) Universal. Póster para el mercado sudamericano.
Pag. 8: DAS CABINTET DES DR. CALIGARI (Alemania 1919, Robert Wiene) Decla-Bioscop. Programa sencillo.
Pag. 9: DR. JEKYLL & MR. HYDE (USA 1920, John S. Robertson). Programa sencillo y diapositiva americana para anunciar en cines.
Pag. 10/11/12/13: THE HUNCHBACK OF NOTRE DAME (USA 1923, Wallace Worsley) Universal. Pag. 10/11: Programa doble. Está realizado en Estados Unidos, así que presumiblemente se distribuyó también en USA en su versión en inglés, así como en Sudamérica esta versión en castellano que también se repartió en los cines españoles. Pag. 12: Programa doble troquelado. Pag. 13: Programa doble distribuido en Argentina y Uruguay.
Pag. 14: THE PHANTOM OF THE OPERA (USA 1925, Rupert Julian) Universal. Programa doble. Tiene las mismas características que el de El jorobado de Notre Dame. Está editado en USA y presumiblemente se distribuyó en salas americanas, sudamericanas y españolas (en sus respectivos idiomas)
Pag. 15: Superior: THE PHANTOM OF THE OPERA (USA 1925, Rupert Julian) Universal. Inferior: THE MONSTER (USA 1925, Roland West). Novelas. Ya desde el principio del cine se editaron revistas y novelas para los fans, que novelaban los argumentos de los últimos estrenos, ilustradas con algunas fotografías. Como curiosidad destacar que la correspondiente a El Fantasma de la Ópera muestra la caracterización de Lon Chaney, algo que se evitó durante toda la promoción y publicidad impresa del film.
Pag. 16/17: LONDON AFTER MIDNIGHT (USA 1927, Tod Browning) MGM. Pag. 16: Póster Argentino. Pag. 17. Superior: Programa sencillo repartido en Argentina y Uruguay. Inferior: MR. WU (USA 1927, William Nigh) MGM. Programa desplegable (interior)
Pag. 18. Superior: THE BAT (USA 1926, Roland West) UA. Dossier de prensa. Inferior: FAUST – EINE DEUTSCHE VOLKSSAGE (Alemania 1926, F.W. Murnau) UFA. Programa mexicano sencillo.
Pag. 19. Superior: METROPOLIS (Alemania 1927, Fritz Lang) UFA. Programa sencillo. Este film se estrenó en Barcelona en los cines Kursaal y Catalunya el día 9 de mayo de 1927 con acompañamiento de orquesta. Es interesante indicar que la película se dividió en dos partes y la segunda entrega comenzó a proyectarse en las mismas salas a partir del 16 de mayo. Inferior: FRAU IM MOND (Alemania 1929, Fritz Lang) UFA. Programa desplegable.
Pag. 20: THE MAN WHO LAUGHS (USA 1928, Paul Leni). Programa doble repartido en Argentina y Uruguay.
Pag. 21. Superior izquierda:THE CAT AND THE CANARY (USA 1927, Paul Leni) Universal. Programa doble. Superior derecha: LA VOLUNTAD DEL MUERTO (USA 1930, George Melford y Enrique Tovar) Universal. Programa doble. The Cat and the Canary se estrenó en su momento en España en su versión muda como El legado tenebroso, pero más tarde se realizó una versión hablada e interpretada por actores hispanos, La voluntad del muerto. Inferior: THE UNHOLY THREE (USA 1930, Jack Conway) MGM. Programa doble. El gran Lon Chaney se despidió del cine dejando como legado un único film sonoro que demostró que además del hombre de las mil caras, podría haber sido el hombre de las mil voces.
Pag. 22/23/24: DRACULA (USA 1931, George Melford) Universal. Pag. 22 superior: Programa sencillo distribuido en Argentina y Uruguay. Inferior: Programa doble (interior). Pag. 23: Programa doble (frontal). Pag. 24 superior: Lobby card americana. Inferior: Anuncio. Estando el cine sonoro todavía en sus inicios, en España, al igual que en Sudamérica, se estrenó la versión hispana de Drácula, rodada en los mismos escenarios que la de Tod Browning, aunque con intérpretes provenientes de España, México y Argentina. Su estreno en Barcelona contó con la presencia del actor Pablo Álvarez Rubio, el Renfield de la versión hispana, que explicó curiosidades sobre el rodaje y recitó poesía.
En España se tuvo que esperar hasta 1988 para poder ver en salas cinematográficas a Bela Lugosi en la versión americana, aunque el film de Tod Browning ya se había proyectado en algunos festivales y en televisión.
Pag. 25/26/27: FRANKENSTEIN (USA, 1931 James Whale) Universal. Pag. 25: Programa doble. Pag. 26: Programa doble distribuido en Argentina y Uruguay. Pag. 27: Programa sencillo perteneciente a la reposición de 1965. Del programa español doble existe una versión anterior similar a la mostrada en la página 25 en la que no figura el reparto, además de tener un acabado más tosco.
Es curioso indicar que El Dr. Frankenstein se estrenó en la época en España en versión original en inglés, al estar todavía el doblaje, sistema que se adoptaría a partir de entonces, en proceso de transición.
Pag. 28/29: DOCTOR X (USA 1932, Michael Curtiz) WB. Pag. 28: Póster. Pag. 29 superior: Programa sencillo. Inferior: JUST IMAGINE (USA 1930, David Butler) Fox . Programa sencillo mexicano.
Pag. 30/31: M (Alemania 1931, Fritz Lang) Nero Film. Pag. 30 superior izquierda: Programa desplegable. Superior derecha: Programa troquelado. Inferior: Programa doble troquelado (interior). Pag. 31 superior: Programa doble troquelado (exterior)
Pag. 31/32: MURDERS IN THE RUE MORGUE (USA 1932, Robert Florey) Universal. Pag. 31 inferior: Programa doble (frontal). Pag. 32 superior: Programa doble (interior).
Pag. 32/33: FREAKS (USA 1932, Tod Browning) MGM. Pag. 32 inferior: Programa sencillo. Pag. 33: tres programas sencillos y un anuncio. Freaks, bautizada aquí como La parada de los monstruos, se estrenó a mediados de los años treinta en España, e incluso en septiembre de 1934 en el barcelonés cine Arnau se acompañaba la proyección del film con la actuación de unas hermanas siamesas. A mediados de los cuarenta se seguía proyectando, como puede verse en las notas que figuran en la parte trasera de un folleto (pag. 33 inferior derecha), formando parte de un programa doble junto a una película de la serie Mr. Wong, interpretada por Boris Karloff. Contradice esto en parte lo escrito por Lucía Solaz en su estupendo ensayo sobre el film de Browning (2004, Nau / Octaedro), donde escribe que "en España no se autorizaría su exhibición hasta el 10 de junio de 1997" aunque, eso sí, señala su pase en el Festival de Sitges (en 1969 y 1977) y televisión (1986).
Pag. 34: THE MASK OF FU MANCHU (USA 1932, Charles Bravin) MGM. Superior izquierda: Programa doble (frontal). Superior derecha: Programa sencillo. Inferior: Programa doble (interior)
Pag. 35/36: DR. JEKYLL AND MR. HYDE (USA 1931, Rouben Mamoulian) Paramount. Pag. 35 superior: Programa doble (interior). Inferior izquierda: Programa doble (frontal). Inferior derecha: Programa local. Pag. 36: Póster.
Pag. 37: THE MOST DANGEROUS GAME (USA 1932, Irving Pichel and Ernest B. Schoedsack) RKO. Programa doble. Para este programa se basaron tanto en el programa americano que no tradujeron en su totalidad el texto.
Pag. 38/39: THE MUMMY (USA 1932, Karl Freund) Universal. La promoción española de La momia fue de lo más lujosa. Por un lado el programa sencillo (pag. 38 superior derecha) podía mirarse al trasluz… ¡Dándonos la oportunidad de descubrir la figura de Karloff! (pag. 38 inferior). Para otro formato más lujoso, si cabe, se optó por realizar un tríptico desplegable muy similar al original americano. Podemos verlo cerrado en la página 38 (superior izquierda) y desplegado en la 39 (anverso y reverso).
Pag. 40: THE OLD DARK HOUSE (USA 1932, James Whale) Universal. Programa doble.
Pag. 41: THE PHANTOM OF CRESTWOOD (USA 1932, J. Walter Ruben) Radio Pictures. Programa doble.
Pag. 42. Superior izquierda: UNGEIMLICHE GESCHICHTEN (The Living Dead) (Alemania 1932, Richard Oswald) Programa sencillo. Superior derecha e inferior: THE THIRTEENTH GUEST (USA 1932, Albert Ray) Monogram. Programa doble.
Pag. 43: DAS TESTAMENT DES DR. MABUSE (Alemania 1933, Fritz Lang) UFA. De este film se repartieron en España dos modelos de programa doble. Se muestra aquí el interior de ambos.
Pag. 44: DELUGE (USA 1933, Felix E. Feist) KBS Prod. Programa doble.
Pag. 45/46: KING KONG (USA 1933, Ernest B. Schoedsack & Merian C. Cooper) RKO. Programas sencillos de gran formato, el primero de ellos troquelado.

Pag. 47: THE DEATH KISS (USA 1933, Edwin L. Marin) World Wide Pictures. Programa sencillo.
Pag. 48: MURDERS IN THE ZOO (USA 1933, Edward Sutherland) Paramount. Programa doble.
Pag. 49/50: THE GHOUL (UK 1933, T. Hayes Hunter) Gaumont-British. Pag. 49: Programa doble (frontal). Pag. 50 superior: Programa sencillo. Inferior: Programa doble (interior)
Pag. 51: THE INVISIBLE MAN (USA 1933, James Whale) Universal. Programa doble.
Pag. 52/53: THE ISLAND OF LOST SOULS (USA 1933, Erle C. Kenton) Paramount. Pag. 52: Póster. Pag. 53: Programa doble.
Pag. 54/55: THE MYSTERY OF THE WAX MUSEUM (USA 1933, Michael Curtiz) WB/First National. Pag. 54: Programa doble. Pag. 55 superior: Programa sencillo. Inferior: THE WHISPERING SHADOW (USA 1933, Colbert Clark and Albert Herman) Mascot. Programa tarjeta.
Pag. 56/57: THE SON OF KONG (USA 1933, Ernest B. Schoedsack) RKO. Pag. 56: Programa sencillo de gran formato. Pag. 57: Programa desplegable.
Pag. 58: THE BLACK CAT (USA 1934, Edgar G. Ulmer) Universal. Programa doble.
Pag. 59: THE VAMPIRE BAT (USA 1933, Frank Strayer) Majestic. Programa doble.
Pag. 60: THE MAN WHO RECLAIMED HIS HEAD (USA 1934, Edward Ludwig) Universal. Programa doble.
Pag. 61: THE VANISHING SHADOW (USA 1934, Lew Landers) Universal. Programa doble.
Pag. 62/63/64/65: MAD LOVE (USA 1935, Karl Freund) MGM. Pag. 62: Programa doble (anverso e interior). Pag. 63 superior: Programa doble (reverso). Inferior: Window card. Pag. 64 y 65 superior: Carteleras de vestibulo.
Pag. 65/66/67: MARK OF THE VAMPIRE (USA 1935, Tod Browning) MGM. Pag. 65 inferior: Programa doble (anverso). Pag. 66: Programa doble (interior y reverso) Pag. 67: Programa sencillo (superior izquierda) y tres carteleras de vestíbulo.
Pag. 68: MYSTERY OF EDWIN DROOD (USA 1935, Stuart Walker) Universal. Programa doble.
Pag. 69: SHE (USA 1935, Irving Pichel & Lansing Holden) RKO. Superior izquierda: Programa sencillo. Inferior: Programa doble (frontal). Derecha: Programa doble (interior)
Pag. 70/71: THE BRIDE OF FRANKENSTEIN (USA 1935, James Whale) Universal. Pag. 70: Programa doble. Pag. 71: Programa doble americano. Resulta curiosa esta imagen del programa original americano de La novia de Frankenstein, en la que el texto de la sala está en castellano, así que cabe la posibilidad de que se distribuyera este modelo en Sudamérica o que se repartiera en alguna sala destinada al público hispano de Estados Unidos.
Pag. 72/73: THE RAVEN (USA 1935, Louis Friedlander) Universal. Pag. 72: Programa doble. Pag. 73: Póster argentino.
Pag. 74: WEREWOLF OF LONDON (USA 1935, Stuart Walker) Universal. Programa doble.
Pag. 75: THE CLAIRVOYANT (UK 1935, Maurice Elvey) Gaumont-British. Programa doble.
Pag. 76/77: CHARLIE CHAN AT THE OPERA (USA 1936, H. Bruce Humberstone) 20th Century Fox. Pag. 76: Póster. Pag. 77 superior: Programa doble local (frontal). Inferior: THE MAN WHO CHANGED HIS MIND (UK 1936, Robert Stevenson) Gaumont-British. Programa doble (frontal).
Pag. 78/79: DRACULA'S DAUGHTER (USA 1936, Lambert Hillyer) Universal. Pag. 78: Poster. Pag. 79: Programa doble. Superior izquierda: anverso. Superior derecha: reverso. Inferior: interior.
Pag. 80: THE DEVIL DOLL (USA 1936, Tod Browning) MGM. Programa doble.
Pag. 81: THE INVISIBLE RAY (USA 1936, Lambert Hillyer) Universal. Novela (superior izquierda) y programa doble.
Pag. 82: THE PHANTOM EMPIRE (USA 1935, Otto Brower & Reeves Eason) Mascot. Programas sencillos. Este tipo de seriales, que originalmente constaban de unos quince episodios de 20 minutos de duración, en España se estrenaban condensados en dos o tres largometrajes que eran conocidos popularmente como "jornadas". Tanto era el éxito de estos seriales entre los niños españoles, que de varios de ellos se realizaron colecciones de cromos, como es el caso de Los Tambores de Fu-Manchú, El misterioso Dr. Satán y La aventuras del Capitán Maravillas.
Pag. 83: SHADOWS OF CHINATOWN (USA 1936, Robert F. Hill). Victory Pictures. Programas sencillos.
Pag. 84/85: THE WALKING DEAD (USA 1936, Michael Curtiz) WB/First National. Pag. 84: Programa doble. Pag. 85 superior: Programa sencillo.
Pag. 85/86/87: FLASH GORDON'S TRIP TO MARS (USA 1938, Ford Beebe & Robert Hill) Universal. Pag. 85 inferior: Programa sencillo. Pag. 86/87: Anverso y reverso de programa sencillo gran formato. En este caso concreto este serial se estrenó en España condensado en un único largometraje.
Pag. 88: THINGS TO COME (UK 1936, William Cameron Menzies) London-UA. Programa doble y sencillo (inferior)
Pag. 89: LOST HORIZON (USA 1937, Frank Capra) UA. Programa doble.
Pag. 90/91: NIGHT KEY (USA 1937, Lloyd Corrigan) Universal. Dos programas dobles.
Pag. 92/93/94: THE SON OF FRANKENSTEIN (USA 1939, Rowland V. Lee) Universal. Pag. 92: Programa doble. Pag. 93: Póster. Pag. 94 superior: Window Card. Inferior: THE HUMAN MONSTER (UK 1939, Walter Summers) Pathe. Programa sencillo.
Pag. 95: THE HUNCHBACK OF NOTRE DAME (USA 1939, William Dieterle) RKO. Programas sencillos.
Pag. 96: DRUMS OF FU MANCHU (USA 1940, John English and William Witney) Republic. Programa sencillo (superior izquierda) y doble troquelado. Este serial se condensó en tres "jornadas".
Pag. 97. Superior izquierda: THE MAN THEY COULD NOT HANG (USA 1939, Nick Grinde) Columbia. Programa sencillo. Superior derecha: TOWER OF LONDON (USA 1939, Rowland V. Lee) Universal. Programa sencillo.
Pag. 97/98: MYSTERIOUS DOCTOR SATAN (USA 1940, John English and William Witney) Republic. Pag. 97 inferior y 98: Programas sencillos. Como en otros casos, este serial se proyectó condensado en tres largometrajes, realizándose un programa para cada parte y uno general.
Pag. 99/100/101: THE INVISIBLE MAN RETURNS (USA 1940, Joe May) Universal. Pag. 99: Póster. Pag. 100: Programa doble. Pag. 101: Programa sencillo gran formato.
Pag. 102: THE APE (USA 1940, William Nigh) Monogram. Tres programas sencillos.
Pag. 103. Superior izquierda: DR. CYCLOPS (USA 1940, Ernest B. Schoedsack). Póster posiblemente sudamericano. Superior derecha e inferior: ADVENTURES OF CAPTAIN MARVEL (USA 1941, John English & William Witney) Republic. Programas sencillos. Los niños españoles de la época se quedaron sin seriales de súper héroes como Batman, Superman o Capitán América, aunque por suerte si contaron con uno de los mejores, el del Capitán Marvel. Un serial de 12 episodios que en España se distribuyó dividido en dos largometrajes.
Pag. 104: YOU'LL FIND OUT (USA 1940, David Butler) RKO. Tres programas sencillos y un anuncio.
Pag. 105: MAN MADE MONSTER (USA 1941, Arthur Lubin) Universal. Programa sencillo.
Pag. 106: DR. JEKYLL & MR. HYDE (USA 1941, Victor Fleming) MGM. Programa sencillo (superior) y doble.
Pag. 107/108: THE WOLF MAN (USA 1941, George Waggner) Universal. Pag. 107: Póster. Pag. 108: Programas sencillos. Si ya es bastante raro conseguir el programa "oficial" de El hombre lobo distribuido en España por Levante S.A. (superior), mucho más complicado es conseguir el apaisado de Astoria Films, del que han sobrevivido muy pocos (inferior).
Pag. 109: THE GHOST OF FRANKENSTEIN (USA 1942, Erle C. Kenton) Universal. Póster argentino de un film que en su momento no se estrenó en España.
Pag. 110. Superior izquierda: THE CORPSE VANISHES (USA 1942, Wallace Fox) Monogram. Programa sencillo. Superior derecha: CAT PEOPLE (USA 1942, Jacques Tourneur) RKO. La belleza de este programa sencillo no nos hace olvidar que esta fue la única producción de terror de Val Lewton que se llegó a estrenar en la época en España. Inferior: THE BLACK CAT (USA 1941, Albert S. Rogell) Universal. Programa sencillo.
Pag. 111/112/113: FRANKENSTEIN MEETS THE WOLF MAN (USA 1943, Roy William Neill) Universal. Pag. 111/112: Dossier de prensa. Pag. 113 superior: Programa sencillo. Inferior: Portada del álbum de cromos que se editó en España dedicado al film. La colección constaba de 144 cromos en blanco y negro.
Pag. 114/115: THE PHANTOM OF THE OPERA (USA 1943, Arthur Lubin) Universal. Pag. 114: Dossier para prensa y exhibidores (frontal). Pag. 115 superior: Programa sencillo.

Pag. 115/116: HOUSE OF FRANKENSTEIN (USA 1944, Erle C. Kenton) Universal. Pag. 115 inferior: Programa sencillo. Pag. 116: Póster sudamericano impreso en Estados Unidos.

Pag. 117/118: HOUSE OF DRACULA (USA 1945, Erle C. Kenton) Universal. Pag. 117: Póster argentino. Pag. 118 superior: Programas sencillos.

Pag. 118. Inferior izquierda: THE SPIRAL STAIRCASE (USA 1946, Robert Siodmak) RKO. Programa sencillo. Inferior derecha: THE LODGER (USA 1944, John Brahm) 20th Century Fox. Programa sencillo.

Pag. 119: THE INVISIBLE MAN'S REVENGE (USA, 1944, Ford Beebe) Universal. Programa sencillo.

Pag. 120. Superior izquierda: ABBOTT & COSTELLO MEET FRANKENSTEIN (USA 1948, Charles T. Barton). Programa sencillo. Superior derecha e inferior: THE CLIMAX (USA 1944, George Waggner) Universal. Programas sencillos.

Pag. 121. Superior izquierda: MIGHTY JOE YOUNG (USA 1949, Ernest B. Schoedsack) RKO. Programa sencillo. Superior derecha: PHANTOM OF THE RUE MORGUE (USA 1954, Roy de Ruth) WB. Programa sencillo. Inferior izquierda: THE SON OF DOCTOR JEKYLL (USA 1951, Seymour Friedman) Columbia. Póster destinado a Sudamérica. Inferior derecha: THE DAY THE EARTH STOOD STILL (USA 1951, Robert Wise) 20th Century Fox. Programa sencillo.

Pag. 122: HOUSE OF WAX (USA 1953, Roy de Ruth) WB. Programa doble troquelado.

Pag. 123. Superior izquierda: CREATURE FROM THE BLACK LAGOON (USA 1954, Jack Arnold) Universal. Programa sencillo. Aunque la censura que imperaba en España en la época prefirió convertir el sugerente bañador de Julia Adams en un destrozado vestido, nada pudo hacer para evitar al público de la época el averiguar porqué la bella sirena enloqueció al solitario anfibio. Aunque, eso sí, no se proyectó en relieve. Superior derecha: REVENGE OF THE CREATURE (USA 1955, Jack Arnold) Universal. Cartel sudamericano. Inferior izquierda: THE THING FROM ANOTHER WORLD (USA 1951, Christian Nyby & Howard Hawks) RKO. Programa sencillo. Inferior derecha: FORBIDDEN PLANET (USA 1956, Fred McLeod Wilcox) MGM. Programa sencillo.

Pag. 124. Superior izquierda: THEM! (USA 1954, Gordon Douglas) WB. Programa sencillo. Superior derecha: THE FLY (USA 1958, Kurt Neumann) 20th Century Fox. Programa sencillo. Ignoraba que este film se hubiera estrenado en la época en España hasta que encontré un taco de programas todos pertenecientes al mismo cine. Quizás el que se hubiera exhibido en versión original subtitulada (modalidad en aquel entonces nada habitual) explicaría su probable corta carrera comercial. Inferior: THE BEAST FROM 20.000 FATHOMS (USA 1953, Eugene Lourie) WB. Programa sencillo.

Pag. 125: BRIDE OF THE MONSTER (USA 1955, Ed Wood) Rolling M. Prod. Póster argentino. En España no se estrenó ninguno de los títulos de Ed Wood. Hubo que esperar al filme de Tim Burton y a la popularidad adquirida por el director de Plan 9 From Outer Space para poder recuperarlos, aunque fuera en formato doméstico.

Pag. 126/127: THE WAR OF THE WORLDS (USA 1953, Byron Haskin) Paramount. Pag. 126: Póster. Pag. 127 superior: Programa troquelado. Inferior: DRACULA (UK 1958, Terence Fisher) Hammer. Póster sudamericano.

Pag. 128. Superior izquierda: THE CURSE OF FRANKENSTEIN (UK 1957, Terence Fisher). Hammer. Superior derecha: DRACULA (UK 1958, Terence Fisher) Hammer. Inferior: THE MUMMY (UK 1959, Terence Fisher) Hammer. Programas sencillos.

Pag. 129. Superior izquierda y derecha: PSYCHO (USA 1961, Alfred Hitchcock) Paramount. Programas sencillos. Inferior izquierda: THE BIRDS (USA 1963, Alfred Hitchcock) Universal. Programa sencillo. Inferior derecha: THE TIME MACHINE (USA 1960, George Pal) MGM. Programa sencillo.

Pag. 130. Superior: ROSEMARY'S BABY (USA 1968, Roman Polanski) Paramount. Programa sencillo. Inferior izquierda: PLANET OF THE APES (USA 1968, Franklin J. Schaffner) 20th Century Fox. Programa sencillo. Inferior derecha: 2001: A SPACE ODYSSEY (USA 1968, Stanley Kubrick) MGM. Programa sencillo.

Pag. 137: THE MUMMY (USA 1932, Karl Freund) Universal. He querido cerrar este libro con el cartel de un clásico realizado por un artista actual. Desde que lo vi quedé impresionado por la excepcional obra del barcelonés Mo Caró, por el tratamiento que ha dado en él a la iluminación, respetando y captando la atmósfera que Karl Freund dio al inmortal clásico. Mo Caró sin duda asegura la continuidad de la tradición del arte del cartel cinematográfico en España. Contraportada: Lobby Card americano de DRACULA (USA 1931, George Melford) Universal.